Reiner Engelmann

DER FOTOGRAF VON AUSCHWITZ

Das Leben des Wilhelm Brasse

Reiner Engelmann

DER FOTOGRAF VON AUSCHWITZ

Das Leben des Wilhelm Brasse

Mit einem Vorwort
von Max Mannheimer

cbj

Sollte diese Publikation Links auf Webseiten Dritter enthalten,
so übernehmen wir für deren Inhalte keine Haftung,
da wir uns diese nicht zu eigen machen, sondern lediglich auf
deren Stand zum Zeitpunkt der Erstveröffentlichung verweisen.

*Dieses Buch widme ich meinen Enkelkindern
Paul und Lior, verbunden mit der Hoffnung,
sie mögen die Vergangenheit in lebendiger Erinnerung
bewahren und niemals selbst erfahren müssen,
was Wilhelm Brasse und mit ihm Millionen Menschen
während des Holocaust erleben mussten.*

Verlagsgruppe Random House FSC® N001967

5. Auflage
© 2015 cbj Kinder- und Jugendbuch Verlag
in der Verlagsgruppe Random House,
Neumarkter Str. 28, 81673 München
Alle Rechte vorbehalten
Einbandgestaltung: init | Kommunikationsdesign, Bad Oeynhausen
aw · Herstellung: aj
Satz und Reproduktion: Uhl + Massopust, Aalen
Druck: GGP Media GmbH, Pößneck
ISBN 978-3-570-15919-4
Printed in Germany

www.cbj-verlag.de

Inhalt

Vorwort   7
Prolog 10

 1. Kapitel: 31. August 1940 13
 2. Kapitel: Die verweigerte Unterschrift und
    eine gescheiterte Flucht 20
 3. Kapitel: Die Begrüßung in Auschwitz 28
 4. Kapitel: Die ersten Arbeitskommandos 31
 5. Kapitel: Der Bibelforscher 44
 6. Kapitel: Weihnachten in Auschwitz 46
 7. Kapitel: Eine neue Aufgabe für Wilhelm Brasse . 48
 8. Kapitel: Der Fotograf Wilhelm Brasse 51
 9. Kapitel: Fotografenalltag im Lager 57
10. Kapitel: »Brasse, ich sehe schwarz für dich« 62
11. Kapitel: Bekannte 65
12. Kapitel: Erste Vergasungen 68
13. Kapitel: Das deutsche Mädchen 70
14. Kapitel: Die Tätowierung 74
15. Kapitel: Nachtschicht 76
16. Kapitel: Block 20 78
17. Kapitel: Die Hochzeit 81

18. Kapitel: Freunde 90
19. Kapitel: Czesława Kwoka 94
20. Kapitel: SS-Porträts 97
21. Kapitel: Stiefmütterchen 106
22. Kapitel: Dr. Josef Mengele 109
23. Kapitel: Oberarzt Dr. Eduard Wirths 116
24. Kapitel: Dr. Carl Clauberg 120
25. Kapitel: Professor Dr. Johann Paul Kremer 123
26. Kapitel: »Blüten« 126
27. Kapitel: Bródkas Liebe 129
28. Kapitel: Widerstandskämpfer Pilecki 131
29. Kapitel: Auschwitz-Alben 135
30. Kapitel: Vorboten? 141
31. Kapitel: 15. Januar 1945 143
32. Kapitel: Todesmarsch 146
33. Kapitel: Mauthausen 150
34. Kapitel: Zurück nach Polen 158

Nachwort 161
Kurzbiografien – SS-Männer 166
Glossar 178
Bildnachweis 190

Begriffe, die mit * gekennzeichnet sind, werden im Glossar erklärt.
Weitere Informationen zu SS-Männern, die mit ** gekennzeichnet sind, finden sich bei den Kurzbiografien im Anhang.

Vorwort

Es ist nicht einfach, über Auschwitz zu reden.

Auschwitz – dieser Ort symbolisiert und materialisiert all das, was an Verbrechen gegen die Menschlichkeit während der Zeit der Nazidiktatur millionenfach verübt wurde.

Auf den Holocaust folgte zunächst Schweigen. Die Überlebenden, die Zurückgekehrten, waren fassungslos.

Was hatten sie durchgemacht?

Was hatte man ihnen angetan?

Wer waren die Täter?

Waren es Menschen, waren es zivilisierte Menschen?

Hatten sie ein Gewissen?

Waren sie Mitglieder jenes Kulturkreises der Dichter und Denker, dem auch Goethe und Schiller entstammten?

Hätten sie sich den Befehlen widersetzen können?

Wer hatte die Befehle erteilt?

Wo lebten die Täter danach, als es vorbei war?

War es vorbei? War es wirklich vorbei?

Lebten sie mitten in der Gesellschaft? Mitten unter uns?

Würde man ihnen begegnen? Sie wiedererkennen?

Oder standen sie alle nachweislich vor Gericht? Wurden sie verurteilt?

Welche Strafen hatte man ihnen zugedacht für das Unaussprechliche und doch Geschehene?

Fragen, die immer wieder neu gestellt werden müssen. Fragen, die zunächst ohne Antwort blieben.

Nicht, weil die Holocaust-Überlebenden nichts zu sagen gehabt hätten, sondern weil sie für das, was sie erlebt und vor allem überlebt hatten, keine Worte fanden. Welche Worte hätten sie finden müssen für die Demütigungen, ihre Qualen, ihre Angst und die ständige Konfrontation mit dem Tod? Welche Worte für das Glück oder den Zufall, nicht selbst durch einen Spatenhieb bei der Zwangsarbeit, durch die willkürlich abgefeuerte Kugel eines SS-Mannes, bei »medizinischen Experimenten« oder in der Gaskammer umgebracht worden zu sein? Oder am Galgen, wie Freunde, denen man beim Sterben hatte zusehen müssen. Jegliche Grundwerte waren außer Kraft gesetzt und durch eine Perfektionierung industrieller Massenvernichtung ersetzt worden.

Zudem fand das Schicksal der Überlebenden im Nachkriegsdeutschland wenig Beachtung. Wer hätte ihnen geglaubt in jenen ersten Jahren oder Jahrzehnten? Wie viel Kraft hätte es sie gekostet, über ihre menschenunwürdigen Erlebnisse vor einer Öffentlichkeit zu sprechen, die das entweder nicht ertragen oder das Unvorstellbare gar relativiert hätte.

Heute gibt es nicht mehr viele Menschen, die über diese Zeit reden können. Wilhelm Brasse war einer von ihnen, der bis wenige Monate vor seinem Tod am 23. Oktober 2012 besonders jungen Menschen als Zeitzeuge, als Gesprächspartner, als unermüdlicher Mahner zur Verfügung stand.

Umso wichtiger ist dieses Buch, das nicht nur an sein Leben erinnert, sondern auch an die Grauen und die Unmenschlichkeit der NS-Herrschaft.

Ich wünsche diesem Buch über das Leben von Wilhelm Brasse im Konzentrationslager Auschwitz sehr viele Leser, lange und ausführliche Diskussionen und das, was Brasse mit seinem Engagement hinterlassen hat: Nie wieder Diktatur! Nie wieder Konzentrationslager!

Max Mannheimer

Prolog

In den späten Neunzigerjahren beschäftigt sich eine Filmemacherin aus Hamburg mit den grausamen, menschenverachtenden Experimenten von Dr. Josef Mengele in Auschwitz. Als sie erfährt, dass es in Israel eine Überlebende von Mengeles Experimenten an Kleinwüchsigen gibt, fährt sie dorthin und trifft Perla Ovitz.

Nachdem sie Perlas Geschichte gehört hatte, fragte die Filmemacherin, wer die Fotos in Auschwitz gemacht habe. Und Perla antwortete: »Das war ein polnischer Fotograf, der für die SS arbeiten musste.«

Von Israel aus fährt die Filmemacherin direkt nach Auschwitz, erkundigt sich im Museum nach dem Fotografen und erfährt, dass er noch bei bester Gesundheit ist und in Żywiec lebt. Sie bekommt Name und Adresse des Mannes und reist mit dem nächsten Zug dorthin.

Die Filmemacherin und der Fotograf führen lange Gespräche miteinander, und am Ende entsteht ein Film, der im polnischen Fernsehen gezeigt wird. Ein Film über den Fotografen von Auschwitz. Ein Film über Wilhelm Brasse. Nach fast sechzig Jahren spricht Wilhelm Brasse hier über seine Erlebnisse in Auschwitz.

Prolog

Das vorliegende Buch, in dem das Leben von Wilhelm Brasse nacherzählt wird, basiert auf Interviews, die ich einige Monate vor seinem Tod mit ihm geführt habe. Aber auch auf Recherchen im Stammlager Auschwitz, in den Gebäuden, in denen er leben musste, im Fotoatelier, in dem er gearbeitet hat.

Reiner Engelmann

Wilhelm Brasse, vor ihm einige Fotos, die er als Fotograf im Erkennungsdienst des Stammlagers Auschwitz machen musste.

Kapitel 1

31. August 1940

Irgendwann am späten Nachmittag hielt der Zug an. Wie lange war er unterwegs? Drei Stunden? Oder vier? Für Wilhelm Brasse war die Zeit nicht messbar. Die Dauer der Fahrt – für ihn unerträglich lang. Weder er noch einer der anderen wäre freiwillig in diesen Zug gestiegen. Es waren Viehwaggons, in die sie eingepfercht waren. Viehwaggons, wie man sie üblicherweise für solche Transporte wie an diesem Nachmittag benutzte.

Mehr als achtzig Männer drängten sich dicht an dicht in jedem der Waggons. Mehr als achtzig Männer ganz unterschiedlichen Alters.

Es war ein heißer Spätsommertag. Die Luft in den überfüllten und von außen verriegelten Waggons war stickig, Schweißgeruch breitete sich aus und schon bald der Gestank von Urin und Kot, weil es für die Insassen keinen Ort gab, an dem sie sich hätten entleeren können. Es gab überhaupt keine Möglichkeit, sich auch nur von seinem Platz zu entfernen. Eingekeilt standen sie da, einige sackten vor Erschöpfung in die Knie, mussten sich aber schnell wieder aufrappeln oder wurden von den Umstehenden gehalten, um nicht erdrückt und totgetreten zu werden. Keiner war imstande, sich zu be-

31. August 1940

wegen oder seine einmal eingenommene Stellung zu verändern.

Mehr noch als der Hunger, dem sie ausgesetzt waren, aber mit dem sie schon umzugehen wussten nach all den Monaten kärglicher Verpflegung im Gefängnis, war es der Durst, der ihnen zusetzte, der sie quälte, der sie auszehrte und viele im Laufe der Fahrt ohnmächtig werden ließ. Einmal hatten sie gehofft, Wasser zu bekommen. Der Zug wurde langsamer. Wie lange waren sie da unterwegs? In dieser Enge und bei dieser Hitze lange genug, um nur noch den Gedanken an Wasser im Kopf zu haben.

Diejenigen, die an den Außenwänden standen, versuchten durch die schmalen Schlitze zu erkennen, wo sie sich befanden. Einige glaubten, es könne sich um den Bahnhof von Krakau handeln. Sicher war sich niemand. Es waren Vermutungen, zusammengesetzt aus dem Wenigen, was durch die Schlitze zu sehen war.

Aber der Zug hielt an. Sie schöpften Hoffnung, nahmen noch einmal all ihre Kraft zusammen, klopften an die Wände und riefen, so laut es ihre trockenen Kehlen zuließen, nach Wasser. Sie mussten doch zu hören sein. Ihre Not musste doch irgendjemand da draußen wahrnehmen!

Es war jedoch nur ein kurzer Aufenthalt, und ihr Rufen, ihr Flehen nach Wasser wurden übertönt von Hundegebell und dem Gebrüll von Aufsehern, die weitere Häftlinge vor sich her und in Richtung Zug trieben, um sie auch noch in einen der Waggons zu verfrachten.

Zu der Hitze und dem immer unerträglicher werden-

31. August 1940

den Durst gesellte sich nun die Angst. Wohin würde man sie bringen? Was würde mit ihnen geschehen? Würde man sie verlegen, irgendwohin in ein größeres Gefängnis? Sie waren ja schließlich alle Häftlinge, die die letzten Wochen und Monate im Gefängnis von Tarnów oder in dem von Sanok verbracht hatten. Sie waren mehr als vierhundert Männer: politische Gefangene, Juden, Geistliche. Ältere und junge Männer, Familienväter, Söhne. Männer, die leben wollten und sich eine Zukunft wünschten! Jetzt, in dieser Enge des Zuges, in der sie kaum atmen konnten, bestand ihr Leben nur noch aus Gegenwart.

Einer von ihnen war Wilhelm Brasse. Gerade mal zweiundzwanzig Jahre alt. Fotograf hatte er gelernt und diesen Beruf in Katowice im Fotostudio seines Onkels gerne ausgeübt. Er hatte Geld verdient, traf sich in der Freizeit mit Freunden, lud junge Frauen zum Tanzen oder ins Kino ein. Er genoss das Leben, sah aber auch schon erste dunkle Wolken am Horizont aufziehen. Und das nicht erst seit dem Sommer 1939.

Was würde jetzt mit ihm geschehen?

Würde man ihn vor ein Gericht stellen? Das konnte er mit großer Sicherheit ausschließen. Zu oft hatte er in den vergangenen Monaten mitbekommen, dass Häftlinge wahllos aus den Zellen geholt und erschossen wurden. Wilhelm Brasse erinnerte sich an ihre Gesichter, an die Angst, die darin abzulesen war. Aber jetzt wollte er nicht daran denken, nicht in dieser Situation, nicht in dieser Ungewissheit.

Würde man sie in ein Lager bringen? Lager, von denen die Häftlinge gehört hatten, über die aber niemand etwas Genaues wusste. Oder das Gehörte niemand glauben wollte, weil es so unvorstellbar war, dass es einfach nicht wahr sein konnte.

Wilhelm Brasse hatte das Gefühl, dass der Zug in Richtung Westen fuhr. Irgendwann sah er an einem Bahnhof das Schild »Auschwitz«.

Der Zug fuhr auf ein Nebengleis. Die Türen der Waggons wurden aufgerissen. Rechts sah Brasse zwei große Gebäude, eines davon mit Stacheldraht umgeben. An den Ecken waren Wachtürme. Und auf jedem der Wachtürme standen zwei SS-Männer mit Maschinengewehren. Dahinter das Gebäude des polnischen Tabakmonopols von Oświęcim. Diese ersten Bilder prägen sich Wilhelm Brasse ein.

Hier endete die Fahrt. Einige Hundert Meter weiter befand sich das Konzentrationslager. Das Stammlager Auschwitz.

An ihrer Sprache erkannte Brasse, dass die Aufseher Deutsche waren. Deutsche Kapos*. Hier sah er sie zum ersten Mal. Menschen in Häftlingsanzügen. Aber sie verhielten sich nicht wie die Häftlinge, mit denen er in den letzten Monaten seine Zelle teilte. In ihrem Verhalten sah er keinerlei menschliche Züge mehr. Das merkte er schon in den ersten Minuten, als man sie aus den Waggons trieb.

»Los, beeilt euch, ihr dreckigen Schweine« oder »Macht schneller, ihr polnischen Schweine! Los! Los! Los!« Mit solchen und ähnlichen Befehlen wurden die Gefangenen von den Kapos aus den Waggons getrieben. Und dazu wurden sie mit Holzknüppeln geschlagen. Ohne Rücksicht krachten sie auf die Köpfe und Rücken und in die Beine der Häftlinge.

»Warum?«

Mit diesem Wort begannen, seit seiner Ankunft in Auschwitz, fast alle Fragen von Wilhelm Brasse.

»Warum werden Menschen hier so gedemütigt?«

»Warum werden sie geschlagen?«

»Warum greift niemand ein?«

»Warum macht man uns hier zu Opfern?«

»Warum haben die Täter offenbar vergessen, dass sie Menschen sind? Aber sind sie es noch? So, wie sie sich verhalten?«

Wilhelm Brasse konnte nicht begreifen, was mit ihm und vor seinen Augen mit den anderen Häftlingen geschah. War dies das Unglaubliche, worüber in Andeutungen geredet wurde, was aber niemand wahrhaben wollte? Hier war es offenbar zur Realität geworden und er, Wilhelm Brasse, war mittendrin.

Wie Vieh wurden sie durch die Straßen in das nahe gelegene Lager getrieben, das Gebrüll und die Schläge begleiteten sie Schritt für Schritt. Über dem Lagertor, durch das sie durch mussten, sah Wilhelm Brasse zum ersten Mal den Schriftzug »Arbeit macht frei«.

Der Weg führte sie über die noch unbefestigte Lagerstraße zum Block 26. Hier befanden sich die Duschräume. Alle neu angekommenen Häftlinge mussten ihre Zivilkleidung, ihre Wäsche, ihre mitgeführten Wertgegenstände, ihre Ausweise und alle Dinge, die sie bei sich trugen, abgeben. Sie durften nur ein Taschentuch und einen Hosengürtel behalten. Die

31. August 1940

Eingangstor zum Stammlager Auschwitz, durch das morgens die Häftlinge zu ihren jeweiligen Arbeitseinsätzen geführt wurden. Rechts vor dem Ausgang musste das Lagerorchester Marschmusik spielen und die Gefangenen sollten im Gleichschritt marschieren.

abgelieferten Sachen wurden in die Effektenkammer* geschafft, ohne dass die Häftlinge einen Beleg dafür bekamen. »Kanada« wurde dieser Block genannt, wie Wilhelm Brasse im Laufe seiner Haftzeit erfuhr.

Er hatte, wie auch die anderen Häftlinge, die mit diesem Transport am 31. August 1940 kamen, nur die Sachen dabei, die er am Leib trug. Mehr nicht.

Nach dem Duschen bekam er seine Lagerkleidung. Einen Häftlingsanzug, Unterwäsche, eine Mütze, ein paar Holzpantinen, in denen zu laufen er sich erst gewöhnen musste. Und wie alle anderen bekam er eine Nummer, seine Lagernummer.

»Ich bin kein Brasse mehr«, war der erste Gedanke, der ihm durch den Kopf ging, nachdem er seine Nummer bekam, »ich bin nur noch Häftling Nummer 3444.« Damit sollte er recht behalten.

Kapitel 2

Die verweigerte Unterschrift und eine gescheiterte Flucht

Sein Name, Wilhelm Brasse, klang keineswegs polnisch, obwohl er polnischer Staatsbürger war. Er ist zurückzuführen auf seinen Großvater, Karol Brasse, im Elsass geboren, der später die österreichische Staatsbürgerschaft angenommen hatte. Karol Brasse, gelernter Landschaftsgärtner, verschlug es im Laufe seiner Berufsjahre nach Żywiec, einer Stadt im Südwesten von Polen, um dort für die Habsburger zu arbeiten.

Beeindruckend an dieser Stadt, die unter dem Einfluss der Habsburger noch Saybusch hieß, war das Schloss mit seinen großen, im Stil englischer Landschaftsgärten gestalteten Parkanlagen. In diesen Parkanlagen arbeitete Karol Brasse, indem er sie nicht nur pflegte, sondern sie immer wieder erneuerte, erweiterte und durch die Anlage von Blumenbeeten ergänzte.

Karol Brasse hatte sich mit seiner Familie in Żywiec niedergelassen, und so wurde auch der Vater von Wilhelm, Bruno Brasse, in dieser Stadt geboren. Auf einem Foto als junger Erwachsener präsentiert er sich in österreichischer Uniform.

1916 heiratete Bruno Brasse, gelernter Präzisionsmechaniker, die Polin und gelernte Schneiderin Helena.
Am 3. Dezember 1917 kam Wilhelm Brasse in Żywiec zur Welt.
Im Elternhaus wurde ausschließlich polnisch gesprochen, die Sprache seiner Mutter. Vom Vater und vom Großvater Karol lernte er aber auch die deutsche Sprache.
Die Mutter war für den Haushalt und die Familie, in die in den folgenden Jahren drei weitere Brüder von Wilhelm hineingeboren wurden, zuständig. Sie hielt sie zusammen, lebte den Kindern ihre inneren Werte wie Fleiß und Frömmigkeit nicht nur vor, sondern hielt sie auch, wenn nötig, dazu an. Mutter Helena traf auch alle wichtigen Entscheidungen, die die Lebenswege ihrer Söhne betrafen. So entschied sie, dass Wilhelm nach der Volksschule das Gymnasium in Żywiec besuchen sollte.
Der Vater, ein ausgesprochener Fachmann in seinem Beruf als Präzisionsmechaniker, sorgte dafür, dass es der Familie gut ging. Wenn er zu Hause war, abends, an den kurzen Wochenenden, musizierte er gerne. Geige und Flöte waren die Instrumente, die er beherrschte. Diese Musik sollte Wilhelm Brasse noch bis ins hohe Alter in den Ohren haben.
Während der Weltwirtschaftskrise verlor der Vater seine Arbeit, finanzielle Probleme machten es notwendig, dass der älteste Sohn, Wilhelm, eine Lehre beginnen musste. Er lernte in seiner Heimatstadt den Beruf des Fotografen.
1935 beendete er die Lehre mit einer Gesellenprüfung. Anschließend ging er, so wurde es von der Mutter ge-

wünscht und eingefädelt, zu seinem Onkel nach Kattowitz, der in dieser Stadt in der 3-Maja-Straße 36 ein Fotoatelier betrieb. Dort arbeitete er, dort spezialisierte er sich auf Porträtfotografien. Er lernte die Abläufe in der Dunkelkammer und im Labor, er lernte das Retuschieren, machte Abzüge und Vergrößerungen.

Er mochte nicht nur seine Arbeit, er mochte das Leben in Kattowitz, seine Jugendzeit, in der er sich, weil er ganz gut Geld verdiente, einiges leisten konnte. Hier lernte er seine erste große Liebe kennen: Margot. An sie dachte er gerne zurück. ›Hübsche Margot‹ waren die Worte, die ihm durch den Kopf gingen, wenn er an sie dachte.

Wilhelm Brasse machte in seinen Kattowitzer Jahren auch neue Bekanntschaften. Die Stadt, die zu jener Zeit zur Hälfte mit Deutschen bevölkert war, bot ihm, da er die deutsche Sprache beherrschte, auch die Möglichkeit, Kontakt zu der weiblichen deutschsprachigen Bevölkerung seines Alters aufzunehmen. Er lud Mädchen, junge Frauen in das eine oder andere Kaffeehaus ein, führte sie zum Tanzen aus oder ging mit ihnen ins Kino oder ins Theater.

Einige der deutschen Mädchen, zu denen er näheren Kontakt hatte, zeigten ihm, als Zeichen des Vertrauens, Medaillons, die sie an Kettchen um den Hals trugen. Er kannte solche Medaillons, die, wenn man sie aufklappte, ein Heiligenbild zum Vorschein brachten. Die deutschen Mädchen aber hatten dort anstelle des Heiligenbildes ein Miniaturporträt von Adolf Hitler. Kleine Hinweise auf die Gesinnung der Trägerinnen, die ihn, Wilhelm Brasse, aufmerksamer werden ließen für die Anfänge und die doch rasche Ausbreitung des Nationalsozialismus sowohl in Kattowitz als auch in ganz Schlesien.

Kurz bevor der Zweite Weltkrieg am 1. September 1939 ausbrach, ging Wilhelm Brasse in seine Heimatstadt Żywiec zurück. Er rechnete mit seiner Einberufung in die Armee, denn er war für tauglich befunden worden und für die Luftwaffe vorgesehen. Binnen kurzer Zeit nach Ausbruch des Krieges wurden seine Heimatstadt und die ganze schlesische Region von den Deutschen besetzt und am 8. Oktober 1939 per Führerdekret in das Deutsche Reich eingegliedert.

Es wurde eine Volksbefragung durchgeführt, in der festgestellt werden sollte, wie hoch der Anteil der deutschen Bevölkerungsgruppe und der der polnischen war. Für die Bevölkerung gab es zwar ein Wahlrecht, wer sich aber nicht für die Annahme der deutschen Staatsangehörigkeit entschied, musste mit erheblichen Nachteilen rechnen. Das fing an bei einer geringeren Zuweisung von Lebensmitteln, die Freizügigkeit wurde eingeschränkt und man stand unter ständiger Beobachtung der Deutschen.

Unabhängig von den Empfehlungen der polnischen Exilregierung in Frankreich und einer Anzahl von Bischöfen, die eine Vernichtung der polnischen Bevölkerung befürchteten, entschied sich ein hoher Anteil der polnischen Bevölkerung für die deutsche Staatsangehörigkeit.

Wilhelm Brasse entschied sich anders. Seine Mutter war Polin, sie sprach nur polnisch, er zwar auch deutsch, aber Polnisch war seine Muttersprache, und er dachte polnisch, er fühlte polnisch, er war Pole. Der deutsche Beamte, der ihn befragte und seine Papiere durchsah, wies ihn darauf hin, dass schon sein Großvater Österreicher, damit also Deutscher war, und auch sein Vater sei durch seine Abstammung Deutscher. Und er, zumindest sei er doch ein halber Deutscher, spreche perfekt die Sprache und solle sich doch nun dazu bekennen.

Wilhelm Brasse lehnte das ab. Er blieb bei seiner Entscheidung, er blieb Pole, auch wenn der deutsche Beamte sich zunächst weigerte, ihm das zu bestätigen. Immer wieder redete er auf ihn ein, es gehe ihm wesentlich besser, wenn er seine Staatsbürgerschaft wechseln würde, er sei doch geradezu dafür prädestiniert, weil nur wenige solche hervorragenden Voraussetzungen wie das Beherrschen der deutschen Sprache vorweisen könnten.

Trotz aller Zureden und Überzeugungsversuche: Wilhelm Brasse blieb bei seiner Entscheidung.

Damit begannen die Schwierigkeiten für Wilhelm Brasse. Lebensmittel- und Bekleidungskarten wurden an die Bevölkerung ausgeteilt. Wilhelm Brasse empörte sich darüber, dass er auf seine Lebensmittelkarte nur zwei Kilogramm Fleisch pro Monat bekam, ein Deutscher aber vier Kilogramm.

»Ich habe doch genauso einen Magen wie die Deutschen!«, protestierte er offen. Er fühlte sich benachteiligt, er war jung, er hatte Hunger, er wollte essen.

Der Hungrige denkt immer nur an Essen!

Bei der nächsten Einschränkung, die die polnische Bevölkerung traf, überlistete Wilhelm Brasse die Deutschen. Es erging eine Verordnung, dass alle Polen ihre Radiogeräte abgeben mussten. Nun gab es zwei Geräte in der Familie, einen primitiven sogenannten Kristallempfänger und ein neueres Modell, ein Radio der Marke Philips. Das alte Gerät gab die Familie ab. Mit dem neuen, modernen Gerät hörte Wilhelm Brasse heimlich, da strengstens verboten, Sender aus anderen europäischen Ländern. Über einen französischen Sender erfuhr er, dass wehrtaugliche junge polnische Männer gesucht wurden, um von Frankreich aus einen polnischen Widerstand gegen die Deutschen zu organisieren.

Wilhelm Brasse sprach mit einigen ausgewählten Freunden über diese Radioberichte, sie diskutierten viel, wogen Chancen und Gefahren ab, sich dem Widerstand anzuschließen, sahen darin aber die einzige Möglichkeit, sich für ihr Heimatland zu engagieren und entschieden sich, nach Frankreich zu gehen und sich dem Widerstand anzuschließen. Zu viert machten sie sich in der letzten Märzwoche 1940 auf den Weg über das Bieszczady-Gebirge, das damals eine direkte Grenze zu Ungarn darstellte. In Ungarn lebte seine Tante, eine Schwester der Mutter. Dort wollten sie zunächst hin, und dann weiter nach Frankreich.

Doch etwa zehn Kilometer vor der Grenze endete ihre Flucht. Es war der 31. März 1940. Brasse und seine Freunde wurden von bewaffneten Grenzsoldaten festgenommen und ins Gefängnis von Sanok rund hundert Kilometer weiter nördlich gebracht.

Vier Monate verbrachte Wilhelm Brasse in dieser Haftanstalt, die zu der damaligen Zeit von Deutschen verwaltet wurde.

Vierundzwanzig Häftlinge waren sie in einer Zelle, die meisten von ihnen Männer, die, wie er, versucht hatten zu fliehen. Besonders tief in sein Gedächtnis eingegraben hat sich der 15. Juli 1940. An diesem Tag wurden morgens zwölf Häftlinge aus seiner Zelle geholt, wahllos, wie es ihm erschien, und ohne Gerichtsverfahren draußen auf dem Gelände, wahrscheinlich auf dem Gefängnishof, erschossen. Einer von ihnen war Priester, den man deswegen verhaftete und hinrichtete, weil er Flüchtlingen geholfen hatte. Diese Männer waren aber nicht die Einzigen, die an diesem Tag in der Haftanstalt Sanok sterben sollten. Später, auf dem Transport nach Tarnów am 31. Juli 1940, als die Häftlinge aus den verschiedenen Zellen zusammen in die Waggons des Zuges gepfercht wurden und sich austauschen konnten, erfuhr Wilhelm Brasse, dass an diesem 15. Juli hundertfünfzehn Männer erschossen worden waren.

In Tarnów, einem wesentlich größeren Gefängnis, war er vier Wochen. Vom 1. August bis zum 31. August 1940. An diesem letzten Augusttag stand ein großer Häftlingstransport an, so viel an Informationen war bis in die Zellen durchgedrungen. Aber wohin die Häftlinge gebracht werden sollten, wusste keiner von ihnen.

Unmittelbar vor dem Abtransport aus Tarnów wurde Wilhelm Brasse zusammen mit einem weiteren Häftling, von dem er nur den Familienname kannte, Adler, aus der Zelle geholt und einem deutschen Offizier vorgeführt. Nach einem kurzen Verhör wurde den beiden Gefangenen der Vorschlag unterbreitet, ein Dokument zu unterschreiben, um sich zur deutschen Staatsbürgerschaft zu bekennen. Dann würden sie sofort aus der Haft entlassen. Selbstverständlich würden sie dann von der deutschen Wehrmacht eingezogen werden, um auf der Seite der Deutschen gegen den Feind zu kämpfen.

Wilhelm Brasse und Adler unterschrieben dieses Dokument nicht. Noch am gleichen Tag ging der Transport mit 460 Gefangenen von Tarnów aus Richtung Westen.

Kapitel 3

Die Begrüßung in Auschwitz

Es war der 1. September 1940, morgens in aller Frühe. Noch vor dem Morgengrauen wurden die Häftlinge, die am Vortag angekommen waren, geweckt. Sie wurden zur Gemeinschaftstoilette gebracht, einem Raum, in dem die Toilettenschüsseln nebeneinander angebracht waren, ohne Trennwände, ohne Türen, bewacht von einem Kapo. Nach kurzer Zeit, vielleicht zwei Minuten, mussten sie ihre Bedürfnisse erledigt haben, danach gab es Frühstück, bestehend aus einer dunklen Brühe, von der niemand sagen konnte, ob es Kaffee oder Tee war oder einfach nur mit irgendetwas eingefärbtes lauwarmes Wasser. Dazu etwas Brot.

Anschließend mussten alle zum Morgenappell antreten. Was würde sie jetzt erwarten? Niemand wusste etwas, man ahnte vielleicht, dass jeder zu irgendeiner Arbeit eingeteilt werden würde.

Nachdem sie in Reih und Glied hintereinander angetreten waren, baute sich SS-Hauptsturmführer Karl Fritzsch**, der gleichzeitig auch Lagerführer war, vor ihnen auf und hielt eine kurze, nur wenige Sätze umfassende »Begrüßungsrede«, wie Wilhelm Brasse sie bezeichnete, die er nie vergessen würde.

»Das hier ist kein Sanatorium«, brüllte Fritzsch den Häftlingen entgegen, »das hier ist ein deutsches Konzentrationslager! Hier überlebt ein Jude zwei Wochen, ein Pfaffe überlebt hier drei Wochen und ein gewöhnlicher Häftling darf hier drei Monate leben!« Fritzsch machte eine kurze Pause, blickte in die Runde, vielleicht um die Wirkung seiner Sätze zu prüfen. Dann hängte er noch einen weiteren Satz an seine Rede an. »Die einzige Möglichkeit, dem Konzentrationslager zu entkommen, ist die durch den Schornstein!«

Angst überkam Wilhelm Brasse und die anderen Häftlinge, sie wollten nicht glauben oder konnten nicht fassen oder wollten nicht wahrhaben, was sie gehört hatten. Sie wussten um die Zahl der Männer, die sich auf dem Appellplatz versammelt hatten. Sie hatten in ihrer kurzen Zeit im Lager noch weitere Häftlinge gesehen, viele waren es, ihre Zahl konnten sie nicht abschätzen. Sollten sie alle sterben? Unvorstellbar! Und was bedeutete der »Weg durch den Schornstein«? Eine Redensart? Ein nur so dahingesagter Satz?

Dieser SS-Hauptscharführer Fritzsch war allerdings kein Mann, der an seinen Aussagen Zweifel aufkommen ließ. Dafür war der Tonfall seiner Rede zu bestimmend.

Einige der Gefangenen, auch Wilhelm Brasse, waren mit ihren Gedanken noch bei der Bedeutung von dem, was sie gerade gehört hatten, als Fritzsch den Befehl herausbrüllte, alle Juden aus dem Transport sollten vortreten.

Was dann geschah, vermochte er kaum zu glauben. Offenbar wollte der SS-Hauptsturmführer seinen Worten Taten folgen lassen und seine Macht demonstrieren.

Deutsche Kapos, die die ganze Zeit über mit anwesend waren, die dafür sorgten, dass alle in Reih und Glied standen, stürmten mit schweren Holzknüppeln auf die jüdischen Häftlinge zu und schlugen auf sie ein. Die Gefangenen schrien, versuchten den Schlägen zu entkommen, sich mit Händen und Armen zu schützen, so gut es ihnen möglich war. Blut spritzte aus ihren Platzwunden an Kopf und Körper, und die Kapos, im Anblick ihrer Hilflosigkeit, schlugen mit noch mehr Wut und Wucht zu.

Es war ein kurzer Akt, der sich dort abspielte, eine kurze Szene, ein paar Minuten vielleicht, und als Wilhelm Brasse dessen Ende bemerkte, sah er, dass sechs Männer tot auf dem Boden lagen.

Viele der anderen jüdischen Häftlinge wurden in den fünf folgenden Tagen ermordet. Wilhelm Brasse erkannte einige wieder, hatte mitbekommen, wie sie von Kapos geschlagen wurden. Später sah er ihre Leichen.

Kapitel 4

Die ersten Arbeitskommandos

Für Wilhelm Brasse begann an diesem 1. September 1940 das Lagerleben. Er und die anderen Gefangenen wurden zur Arbeit verpflichtet, dazu wurden sie in Arbeitskommandos* eingeteilt.

Wilhelm Brasse wurde einem Arbeitskommando zugewiesen, dessen Aufgabe es war, die Straße vom Bahnhof zum Krematorium zu bauen. »Arbeitskommando Straßenbau« wurde es genannt. Ungewohnt für ihn, den gelernten Fotografen, war der Umgang mit seinen Arbeitsgeräten, einer Schaufel, einer Hacke, einer Schubkarre. Doch wesentlich schlimmer für ihn wie auch für die anderen Häftlinge war der Kapo, der sie beaufsichtigen musste. Franz Teresiak war sein Name. Er trug einen grünen Winkel*, der ihn als »Berufsverbrecher«, wie sie offiziell im Lager bezeichnet wurden, auswies. Dieser aus Dresden stammende Kapo war zuvor im Lager Sachsenhausen gewesen und erst wenige Tage vor dem Transport Brasses, wahrscheinlich am 27. August 1940, in Auschwitz angekommen. Teresiak schrie und schlug ununterbrochen auf die Gefangenen ein. »Los, los! Ihr faulen Hunde! Ihr Missbildungen! Ihr Drecksäcke, arbeiten, arbeiten!« Diese Worte, diese Beschimpfungen hörten die Gefangenen den ganzen Tag lang.

Am Ende des ersten Arbeitstages hatte dieser Kapo mit einem Schaufelstiel sechs Gefangene erschlagen.

Nebenbei registrierte Wilhelm Brasse, dass die Priester aus seinem Transport dazu eingeteilt worden waren, den Appellplatz zu planieren. Er konnte sie einige Male bei der Arbeit sehen, wie sie eine schwere Straßenwalze ziehen mussten. Vor dem Krieg wurden vier Pferde davor gespannt. Nun sollten etwa zwanzig Priester die Walze an einer Deichsel über den Appellplatz hin und her ziehen. Der Kapo Ernst Krankemann (Wilhelm Brasse war froh, nicht in seinem Arbeitskommando zu sein) war ständig an ihrer Seite und drosch mit einer Reitpeitsche auf die Gefangenen ein. Wenn einer der Priester vor Erschöpfung zusammenbrach, wurde er von der Walze überrollt. Dieser Kapo Krankemann, ein Deutscher, der ebenfalls Ende August 1940 aus dem Lager Sachsenhausen nach Auschwitz kam, arbeitete bei der Ermordung polnischer Häftlinge eng mit der SS zusammen. Später wurde er, so ist dokumentiert, mit einem Häftlingstransport, der zur Euthanasie* bestimmt war, nach Sonnenstein bei Pirna transportiert.

Der Tag begann für die Häftlinge morgens um vier Uhr, im Winter etwas später. Geweckt wurden sie durch einen Gong. Dann mussten sie sich beeilen, hin zu den überfüllten Wasch- und Latrinenräumen laufen, immer unter Aufsicht von Kapos, die sie auch um diese frühe Stunde schon anbrüllten und mit ihren Knüppeln schlugen. Viel Zeit blieb ihnen für die Morgentoilette nicht, vielleicht zwei Minuten auf der Toilette, immer bewacht, etwas kaltes Wasser ins Gesicht, dann schnell zurückrennen zum Schlafsaal. Das Bett musste in Ordnung gebracht werden, denn schon die geringste Unordnung wurde schwer bestraft, sogar mit dem Tod. In der restlichen knappen Zeit nahmen die Männer ihre Kaffeebrühe, oder was auch immer das sein mochte, in Empfang. Der nächste Gong war das Signal zum Morgenappell.

In Fünfer- oder Zehnerreihen mussten die Häftlinge sich nach Blöcken aufstellen, dann begann der Zählappell. Kranke, selbst Häftlinge, die in der Nacht verstorben waren, mussten zum Appell* mitgebracht werden, sie wurden zunächst gezählt, der Vollständigkeit halber, erst danach wurden die Toten zum Krematorium gebracht. Der Rapportführer gab den Befehl »Arbeitskommando formieren«, woraufhin alle Häftlinge schnellstens zu den Sammelplätzen ihrer Arbeitskommandos zu laufen hatten.

Abends um 19 Uhr, nach einem Tag schwerer körperlicher Arbeit und Misshandlungen durch die Kapos, dazu der Hunger, begann der Abendappell. Auch hier mussten die Zahlen mit denen vom Morgenappell übereinstimmen.

Nicht nur der Umgang mit den Arbeitsgeräten, sondern auch die schwere körperliche Arbeit, dazu das Geschrei und die Schläge des Kapos waren für Wilhelm Brasse kaum auszuhalten. Er spürte, dass er das nicht lange durchhalten würde. Damit hätten sich die Begrüßungsworte des Lagerführers Fritzsch bewahrheitet. Hinzu kam der ständige Hunger. Die Verpflegung reichte bei Weitem nicht aus, um die schwere körperliche Arbeit durchzustehen.

Wie sah diese Verpflegung aus? Vierhundert Gramm Brot täglich, zwanzig Gramm Margarine, von der sie dem Stubenältesten* noch etwas abgeben mussten, zweimal pro Woche etwas Wurst oder harten Käse, einmal pro Woche ein paar warme Pellkartoffeln. Die waren dann schon fast ein Festessen. Zum Mittagessen gab es einen Liter Suppe, gekocht mit sehr viel Wasser. Die Essensrationen für den Tag wurden immer abends, nach dem Abendappell ausgeteilt.

›Ein Hungriger denkt immer nur an Essen!‹ Diesen Satz hatte er verinnerlicht, er trieb ihn an, besonders hier im Lager mit der kärglichen Verpflegung, immer auf der Suche nach Essbarem. In den ersten Tagen ohne großen Erfolg. Aber dieser Satz war da, beschäftigte ihn, ließ ihn nicht los.

Wilhelm Brasse wusste, wie gefährlich es sein konnte, ein Arbeitskommando auf eigene Faust zu verlassen. In aller Regel wurde sehr schnell entdeckt, wenn ein Häftling fehlte. Die Kapos hatten, in Heften oder auf Zetteln, die Nummern der Gefangenen aus ihrem Kommando notiert. Wenn einer nicht erschien, wurde er im ganzen Lager gesucht und, wenn man ihn gefunden hatte, streng bestraft, mit ein paar Tagen in der Stehzelle oder Stockschlägen auf dem Prügelbock* oder beidem.

Aber manchmal, besonders in den ersten Monaten des im Entstehen begriffenen Stammlagers, in dem noch nicht alles perfekt im Kontrollsystem durchorganisiert war, konnten einzelne Gefangene, mit etwas Glück, ihr Arbeitskommando unbemerkt verlassen.

Wilhelm Brasse ging dieses Risiko ein. Nach weniger als zwei Wochen im Straßenbaukommando machte er sich eigenständig auf die Suche nach einem neuen Arbeitseinsatz. Er wollte etwas finden, wo es ruhiger zuging, wo nicht wahllos auf die Häftlinge eingeknüppelt wurde. Und – vielleicht würde er ja auch eine Arbeit finden, die mit einer zusätzlichen Verpflegungsration bedacht war.

Wilhelm Brasse hatte Glück, er konnte, ohne dass es auffiel, seinen Einsatzort wechseln. Er hörte sich bei Mitgefangenen um, erkundigte sich, wo weniger geschrien und geschlagen wurde, und an einem Morgen, nach dem Morgenappell, machte er sich, mit einer Hacke auf der Schulter, auf die Suche nach einem neuen Einsatzort. Mit diesem Gerät, so rechnete er sich aus, würde er nicht auffallen. Und so landete er zunächst im Abbruchkommando. Auf dem Gelände des Lagers standen Häuser, die in früheren Jahren von Polen bewohnt waren. Diese Häuser wurden nun abgerissen, die Steine vom Mörtel und Kalk gesäubert und für den Bau neuer Häuser benutzt, die für die SS-Mannschaften bestimmt waren.

Wilhelm Brasse reinigte zwei Tage lang Ziegelsteine, bis er erfuhr, dass der Schreiber eines anderen Kommandos Leute für eine einfache und leichte Tätigkeit suchte. Bei zusätzlicher Verpflegung!

Der Hungrige denkt nur ans Essen!

Ohne nachzufragen, welcher Art die neue Arbeit war, meldete sich Wilhelm Brasse. Die Aussicht auf eine zusätzliche Schüssel Suppe hatte ihn in das neue Arbeitskommando getrieben. So war er Leichenträger geworden. Dazu hatte er sich verpflichtet.

Das letzte Haus auf der rechten Seite der Lagerstraße, Block 28, war zu jener Zeit Häftlingskrankenbau. Dieser Häftlingskrankenbau war ein spezieller Block für Kranke, die entweder durch körperliche Misshandlungen, durch Unfälle bei ihrer Zwangsarbeit oder aber im Zustand völliger Erschöpfung und Auszehrung den Lageralltag nicht mehr bewältigen konnten und in den Häftlingskrankenbau eingewiesen wurden. Im Lagerjargon wurde er auch »Vorhof zum Krematorium« oder, später, »Wartesaal zur Gaskammer« genannt, weil ein beträchtlicher Teil der Häftlinge diesen Krankenbau nicht mehr lebend verlassen hat. Die SS führte regelmäßig Selektionen in diesem Krankenbau durch, bei denen Häftlinge, vor allem jüdische, für den Tod bestimmt wurden. Die Tötungen erfolgten in späteren Zeiten in der Gaskammer. Davor wurden sie, wenn sie nicht von selbst nach einer gewissen Zeit starben, durch die Injektion von Phenol, das zu einem sofortigen Herzstillstand führte, umgebracht.

Die Ausstattung des Häftlingskrankenbaus unterschied sich nicht von den anderen Häftlingsblocks. Außer schmerzstillenden Mitteln oder Kohletabletten gegen Durchfall gab es weder medizinische Geräte noch sonst irgendetwas, was auf einen Krankenbau hätte hindeuten können. Medizinische Hilfe erhielten die Häftlinge lediglich von den dort eingesetzten Häftlingsärzten* und Häftlingspflegern*, die manchmal in der Lage waren, über Häftlinge des Kanada-

Spritzen, gefüllt mit Phenol, wurden zum Töten von Häftlingen im sogenannten Häftlingskrankenbau benutzt.

Kommandos* Medikamente oder andere Hilfsmittel zu organisieren.

Den Patienten nahm man bei ihrer Einlieferung die Kleidung ab. Die Matratzen auf den Pritschen waren mit Holzwolle gefüllte Papiersäcke. Meist waren sie noch mit Kot, Blut und Eiter früherer Patienten beschmiert. Hier wurden die Kranken abgelegt. Die Decken waren schmutzig und verlaust.

Die Häftlinge wurden von den SS-Ärzten aber auch für »medizinische Experimente« unterschiedlicher Art benutzt. Ihnen wurden Krankheitserreger injiziert, um neue Medikamente zu testen.

Viele dienten auch der »Hungerforschung« des Dr. Johann Kremer**, indem man ihnen über lange Zeit das Essen entzog. Sie verloren dadurch nicht nur an Körpergewicht, auch ihre inneren Organe verkleinerten sich. Aber auch Arzneimittelfirmen meldeten ihr Interesse an: Sie »kauften« Häftlinge, um an ihnen Medikamente auszuprobieren. In aller Regel endeten diese Versuche tödlich. Waren die Experimente abgeschlossen, wurden die Gefangenen, sofern sie nicht schon während der Versuche gestorben waren, durch eine Phenolspritze ins Herz getötet und anschließend seziert. Sowohl ihre inneren Organe als auch ihre Skelette dienten zum Teil zur Vervollständigung anatomischer Sammlungen in wissenschaftlichen Instituten.

In der Häftlingskrankenbau-Schreibstube waren die Schreiber zeitweise rund um die Uhr damit beschäftigt, die Toten in einem Totenbuch zu registrieren. Die tatsächliche Todesursache durften sie jedoch nicht vermerken, sondern mussten aus einer ihnen vorliegenden Liste irgendeine der dort aufgeführten Todesursachen angeben. Es waren immer »natürliche« Todesursachen, die sie in ihren Registern eintragen mussten. Ferner sollten auch die Todesdaten gestreut werden, um nach außen hin jeglichen Verdacht einer Massentötung zu zerstreuen.

Wilhelm Brasse hatte sich in Unkenntnis dessen, was ihn erwartete, einzig mit der Aussicht auf eine zusätzliche Essensration, als Leichenträger verpflichtet. Im Keller des Häftlingskrankenbaus befand sich das Leichenmagazin. Wie lange mögen einige der Toten dort schon gelegen haben, so wie sie aussahen und vor allem rochen? Für die Ausübung seiner Tätigkeit wurden ihm eine Karre und eine Decke zur Verfügung gestellt. Seine Arbeit: die Leichen aus dem Leichenmagazin auf die Karre zu laden, immer acht bis zehn Leichen, je nach Größe und Gewicht, sie mit der Decke abzudecken und sie quer durch das Lager zum Krematorium zu bringen. Das musste er tun. Von morgens bis abends. Die versprochene zusätzliche Ration Suppe bekam er abends.

Für Wilhelm Brasse gab es viele Gründe, das Leichenträgerkommando nach zehn Tagen wieder zu verlassen. Er konnte es nicht mehr ertragen, Tag für Tag Hunderte von Toten vom Häftlingskrankenbau zum Krematorium zu bringen. Tote, fast zu Skeletten abgemagerte Menschen, die man vielfach einfach so hat sterben lassen, anderen hat man wohl mit einer Injektion ihr Leiden, das hier nie aufhören würde, verkürzt. Und dann waren immer wieder welche dabei, die er schon gesehen hatte, hier im Lager, auch Männer aus seinem Transport. Und das alles für etwas mehr Verpflegung. »Diese Suppe schmeckt mir nicht mehr«, sagte er an einem Abend zu einem Mithäftling.

Am nächsten Tag machte er sich auf die Suche nach einem neuen Arbeitskommando. Gelandet ist er schließlich im Planierungskommando, einem Arbeitskommando, in dem rund hundertdreißig Häftlinge arbeiteten, deren Aufgabe es war, die Grundfläche für neue Gebäude vorzubereiten und Fundamente abzustecken. Als Kapo war ihnen ein deutscher Häftling mit schwarzem Winkel*, der ihn als »Asozialer« auswies, zugeteilt. Dieser Kapo war der erste, der weder gebrüllt noch geschlagen hat. Ganz ruhig und sachlich erklärte er ihnen, was sie zu tun hatten. Nach den Plänen, die er vom

Lagerbüro hatte, bereiteten sie den Bau von Kuh- und Pferdeställen sowie Garagen vor. Es war zwar auch keine leichte Arbeit, aber für Wilhelm Brasse und das gesamte Arbeitskommando deswegen angenehm, weil den ganzen Tag über weder gebrüllt noch geschlagen wurde.

An Brasses zweitem Arbeitstag in diesem Kommando fragte der Kapo die Häftlinge, wer von ihnen deutsch spreche.

»Herr Kapo«, meldete sich Brasse, »ich spreche deutsch.«

»Dann bist du ab heute mein Dolmetscher!«, bekam Brasse zur Antwort.

Ab diesem Tag musste er keine schwere körperliche Arbeit mehr leisten. Zumindest für eine gewisse Zeit.

In den folgenden Tagen und Wochen entwickelte sich so etwas wie ein persönliches Verhältnis zwischen Brasse und dem Kapo.

Brasse erfuhr, dass er Markus hieß, aus Hannover kam, und dass er, bevor er 1936 im Konzentrationslager Sachsenhausen interniert wurde, zehn Jahre in der französischen Fremdenlegion gedient hatte. Als er 1936 nach Deutschland zurückkehrte, wurde er sofort verhaftet.

Brasse erzählte ihm, dem Kapo Markus, nur auszugsweise seine eigene Geschichte. Er wollte, trotz aller Sympathie, vorsichtig sein.

Irgendwann Mitte November war der Kapo Markus verschwunden. Er kam einfach nicht mehr zu ihrem Arbeitskommando. Dafür ein anderer, einer mit einem grünen Winkel, einer, der den ganzen Tag wieder schrie und prügelte. Und Wilhelm Brasse war ab sofort kein Dolmetscher mehr. Er musste wieder schwere körperliche Arbeit verrichten.

Nach ein paar Tagen hielt Brasse es nicht mehr aus. Er ging erneut das Risiko einer Flucht aus dem Arbeitskommando ein. Brasse hatte, wie schon zuvor, als er auf eigene Faust das Arbeitskommando wechselte, Glück. Nach zwei Tagen traf er Kapo Markus am Appellplatz wieder. Er ging auf ihn zu, nahm seine Mütze ab und bevor er etwas sagen konnte, sprach der Kapo ihn an.

»Ah, du bist der Fotograf aus Kattowitz.«

»Ja, Herr Kapo«, antwortete Brasse, »darf ich fragen, welches Arbeitskommando Sie jetzt haben?«

Brasse erfuhr, dass der Kapo Markus das Arbeitskommando in der Kartoffelschälerei hatte, und, auf seine Nachfrage, ob er dort arbeiten könne, sagte der Kapo: »Du bist ein anständiger, ruhiger Häftling. Du kommst morgen zur Kartoffelschälerei. Du wirst bei mir arbeiten.«

Das war am 18. November 1940.

Einen Tag später betrat Wilhelm Brasse das Gebäude der Kartoffelschälerei. Draußen war es sehr kalt, aber drinnen, dank eines großen Ofens, angenehm warm.

Kapo Markus erklärte ihm seine Arbeit.

»Du bist zu jung, um Kartoffeln zu schälen, das machen andere.«

Brasse sah sich um. Es waren überwiegend ältere Häftlinge, Häftlinge aus verschiedenen Ländern, Häftlinge, wie er im Laufe der Zeit erfuhr, mit ganz unterschiedlichen Berufen, selbst Professoren und Lehrer waren unter ihnen.

»Mit einem zweiten Häftling wirst du die geschälten Kartoffeln in den Gemüseraum tragen.« Dafür mussten sie einmal durch das ganze Gebäude gehen, in dem sich auch die Küche befand.

Der Hungrige denkt immer nur an Essen!

Da war dieser Satz schon wieder.

Und wieder einmal hatte Brasse Glück. Der Küchenchef, Unterscharführer Eckesdorfer, erhob zwar die Stimme, wenn die Häftlinge nicht ordentlich arbeiteten. Aber es steckte nie eine böse Absicht dahinter. Das merkte Brasse schnell, wenn er Eckesdorfer nach einem solch vermeintlichen Schreianfall anschaute. Dann zwinkerte er ihm zu. Manchmal gab er ihnen, obwohl es streng verboten war, zusätzliches Essen.

Wilhelm Brasse war, in Anbetracht aller Umstände, mit seiner Situation zufrieden. Fast paradiesische Zustände waren es, wenn er sich mit den Häftlingen verglich, die draußen schwere körperliche Arbeiten leisten mussten. Er hatte eine leichte Arbeit, in der Kartoffelschälerei wurde weder geschrien noch geschlagen. Er und auch die anderen Häftlinge bekamen zusätzliches Essen, wobei er seines in der Regel mit seinen Mithäftlingen in der Unterkunft teilte. Und er hatte seinen Arbeitsplatz, gerade jetzt im kalten Winter, in einem geheizten Raum. ›Ich bin im Paradieskommando gelandet‹, dachte er oft bei sich.

An manchen Tagen schaute er aus dem Fenster und sah seine Mithäftlinge, wie sie trotz Kälte und Schnee draußen arbeiten mussten. Er beobachtete, wie einige vor Kälte starben und andere von den Kapos totgeschlagen wurden.

Lagerküche, in der Wilhelm Brasse von Mitte November 1940 bis Mitte Februar 1941 arbeiten musste.

Einmal, es war Anfang Dezember und draußen klirrender Frost, sah Brasse, wie die Strafkompanie*, die zu den schwersten Arbeiten im Lager herangezogen wurde, sich hinter dem Küchentrakt aufstellen musste. Alle waren völlig nackt. Immer wieder fiel einer um und erfror. Einen von denen, die dort standen, kannte er. Er war ein Schulkamerad aus dem Gymnasium in Żywiec. Er konnte ihm nicht helfen, er durfte ihm nicht helfen, das wäre sein eigenes Todesurteil gewesen. Er musste mit ansehen, wie auch er irgendwann umfiel und starb.

Für Wilhelm Brasse sollte sich vorläufig noch nichts ändern. Er sollte weiterhin in der Kartoffelschälerei arbeiten, fast den ganzen Winter lang. Bis zum 15. Februar 1941.

Aber vorher war noch Weihnachten. Sein erstes Weihnachtsfest im Lager. Und er wurde noch Zeuge eines anderen grausigen Ereignisses, das er nicht vergessen konnte. Es betraf den Bibelforscher*, der bei ihnen in der Unterkunft wohnte.

Kapitel 5

Der Bibelforscher

In Wilhelm Brasses Block waren zwei Männer mit violetten Winkeln untergebracht. Violette Winkel trugen Zeugen Jehovas und Bibelforscher.

An einem Abend kam der Blockführer, Hauptscharführer Gerhard Palitzsch**, in den Raum. Wenn Palitzsch irgendwo auftauchte, brach schnell Panik aus. Er war im Lager als grausamer Mörder gefürchtet.

»Bibelforscher heraustreten!«, brüllte er sofort los.

Einer der beiden mit violettem Winkel trat ein Stück vor.

Palitzsch schrie ihn an. Er solle sofort und laut vor allen Mithäftlingen in diesem Raum sagen: »Es gibt keinen Gott.«

Der Bibelforscher sagte nichts. Ganz still stand er einfach da und schaute Palitzsch an.

Palitzsch wurde wütend. »Ich will diesen Satz hören! Verstehst du? Es-gibt-keinen-Gott! Sag ihn! Ich will ihn hören. Laut und deutlich! Auch für alle anderen!«

Der Bibelforscher zeigte keine Regung. Und den von ihm abverlangten Satz sprach er nicht aus. Ruhig wirkte er und schaute Palitzsch direkt in die Augen.

Palitzsch, nun in Rage, schoss auf den Mann zu, packte ihn am Kopf und schlug ihn gegen die Wand. Immer wieder.

Immer heftiger. Und forderte ihn weiter dazu auf, er solle es aussprechen. Es gibt keinen Gott! Es gibt keinen Gott!

Er schlug ihn so lange mit dem Kopf gegen die Wand, bis der Bibelforscher tot zusammenbrach. Palitzsch drehte sich um und verließ den Raum ohne ein Wort.

Kapitel 6

Weihnachten in Auschwitz

Am Morgen des 24. Dezember 1940 schaute Brasse durch das Fenster der Kartoffelschälerei auf den Appellplatz, der sich an der Längsseite der Küche erstreckte. Er sah, wie einige Kapos einen Weihnachtsbaum aufstellten. Auch an Glühbirnen dachten sie und hingen sie als Beleuchtungskörper in den Baum.

Weihnachten. Sein erstes Weihnachtsfest im Konzentrationslager. Sein erstes Weihnachtsfest ohne Familie. Den ganzen Tag über hatte er viel an seine Eltern und an seine Brüder gedacht. Und an die Weihnachtsfeste in der Familie. Mit den Gottesdienstbesuchen. Das war keine Pflicht. Das gehörte dazu, war selbstverständlich. An früher dachte er, wie er als Kind den Weihnachtsbaum mit dem Lametta und den Kerzen bewunderte. Wie er sich auf seine Geschenke freute. Wie er selbst Geschenke machte.

Würde hier im Lager auch Weihnachten gefeiert werden?

Würde es, wenigstens an diesem Tag, friedlicher zugehen?

Würde man sich besinnen auf das, was Weihnachten, zumindest für die Christen, bedeutete?

Und waren die Deutschen nicht auch Christen?

Zum Abendappell mussten alle auf dem Appellplatz antreten. Wie immer. Durchzählen. Feststellen, ob alle angetreten sind. Nichts Neues, bis auf den Weihnachtsbaum, der vor ihnen stand.

Und unter diesem Weihnachtsbaum lagen, wo zu Hause die Geschenke waren, Tote. Zehn tote Häftlinge. Jüdische Häftlinge in der gestreiften Häftlingskleidung.

Wilhelm Brasse fror. An diesem Abend nicht wegen der Minustemperaturen.

Neben dem Weihnachtsbaum standen drei Kapos, einer spielte Bandoneon, der zweite Gitarre, der dritte sang das Lied »Stille Nacht, heilige Nacht«.

Kapitel 7

Eine neue Aufgabe für Wilhelm Brasse

Am 15. Februar 1941 wurde Wilhelm Brasse aus der Kartoffelschälerei in die politische Abteilung bestellt. Er bekam einen großen Schreck, denn die Vorladung in die politische Abteilung bedeutete sehr häufig, dass man in Block 11* verlegt wurde, von dem man wusste, dass sowohl im Hof als auch im Keller des Gebäudes Hinrichtungen stattfanden und der deswegen als Todesblock berüchtigt war. Aber auch die Strafzellen waren gefürchtet.

Seine Angst verflüchtigte sich etwas, als er sich auf den Weg dorthin machte und sich mit vier Männern, vier Landsleuten aus Polen, unterhielt, die genau wie er in die politische Abteilung bestellt waren. Bei diesem Gespräch stellte sich heraus, dass alle den gleichen Beruf hatten: Sie waren Fotografen. Das beruhigte ihn, das deutete nicht darauf hin, dass er oder die anderen wegen eines Vergehens vorgeladen waren.

Die politische Abteilung befand sich zu jener Zeit in einer Holzbaracke direkt neben dem Krematorium. Dort wurden sie von einem SS-Mann im Dienstgrad eines Oberscharführers* zu ihrem Wissen und ihren Kenntnissen in der Fotografie befragt. Angefangen von der Arbeit in der Dunkelkammer, der Entwicklung von Filmen, der Vergrößerung von Fotos sowie deren Vervielfältigung, eben nach all dem, was ein Fotograf während seiner Ausbildung lernt und in seinem Berufsleben weiterentwickelt und verbessert. Besonders interessierte sich der SS-Mann für Porträtfotografie. Er fragte nach Details, nach technischen Voraussetzungen, nach Zeit-, Kosten- und Personalaufwand.

Brasse wunderte sich, was das zu bedeuten hatte.

Alle fünf Männer beantworteten, je nach Wissen, die Fragen des SS-Mannes, und bald nach der Befragung stellte sich heraus, dass Wilhelm Brasse als derjenige ausgesucht wurde, der fortan im Erkennungsdienst* arbeiten und dort Porträtfotos von den Häftlingen machen sollte. Das war also der Grund für die Vorladung.

Am gleichen Tag verfügte sein zukünftiger Chef, Hauptscharführer Bernhard Walter**, dass der Häftling Brasse von Block 3, in dem er bisher wohnte, in Block 25 verlegt werden sollte.

Neben der Tatsache, dass Brasse nun in seinem Beruf als Fotograf arbeiten würde, brachte auch die Verlegung in den neuen Block wesentliche Verbesserungen mit sich.

Hier sah er zum ersten Mal im Lager Betten, Stockbetten zwar, aber er hatte nun ein Bett, in dem er schlafen würde. Er musste sich nicht mehr auf den mit etwas Stroh bedeckten Fußboden zum Schlafen legen. Es gab Toiletten mit Wasserspülung, es gab einen Waschraum mit Wasserleitung, in dem er sich richtig waschen konnte.

In diesem Block 25 wohnten die Häftlinge, die in den verschiedenen Arbeitskommandos der politischen Abteilung arbeiteten, beispielsweise in der Effektenkammer oder in der Bekleidungskammer*, aber auch in der Küche für die SS-Mannschaften.

Wilhelm Brasse hatte ab diesem 15. Februar 1941 ein neues Kommando, es hieß »Arbeitskommando Erkennungsdienst politische Abteilung«.

Kapitel 8

Der Fotograf Wilhelm Brasse

Der Erkennungsdienst befand sich in Block 26 des Stammlagers. Dort war schon, als Wilhelm Brasse die Räume zum ersten Male betrat, ein komplettes Fotoatelier eingerichtet. Es gab drei Dunkelkammern, die für alle notwendigen Arbeiten ausgestattet waren, und es gab einen Aufnahmeraum, in dem eine Holzkamera auf einem Stativ stand, eine Kamera mit einem Zeiss-Objektiv, Blende 1,5, wie Berufsfotografen sie benutzten. Die Kamera war auf einem Podest montiert, sodass sie für die einzelnen Fotos nicht immer wieder neu positioniert werden musste. Gegenüber, ebenfalls auf einem Podest, war ein für diese Zwecke eigens angefertigter Stuhl, auf den sich die Häftlinge setzen mussten. Diesen Stuhl konnte man durch die Betätigung eines Hebels drehen, da die Häftlinge aus drei verschiedenen Positionen aufgenommen werden sollten.

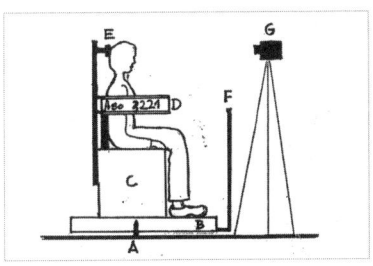 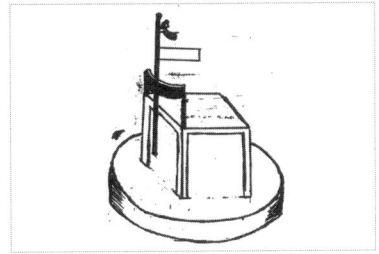

Diese Skizze des Stuhls fertigte, basierend auf Erläuterungen Wilhelm Brasses, Tadeus Iwaszko (Leiter des staatlichen Archivs des Museums Auschwitz-Birkenau von 1958 bis 1988) an.

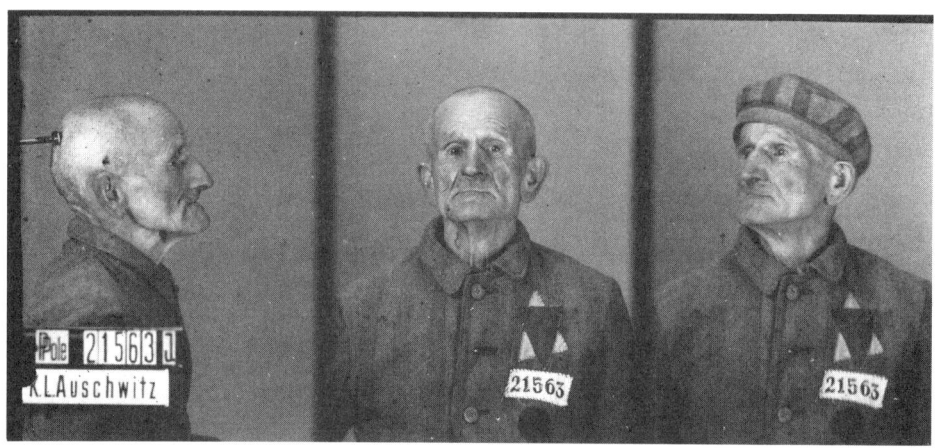

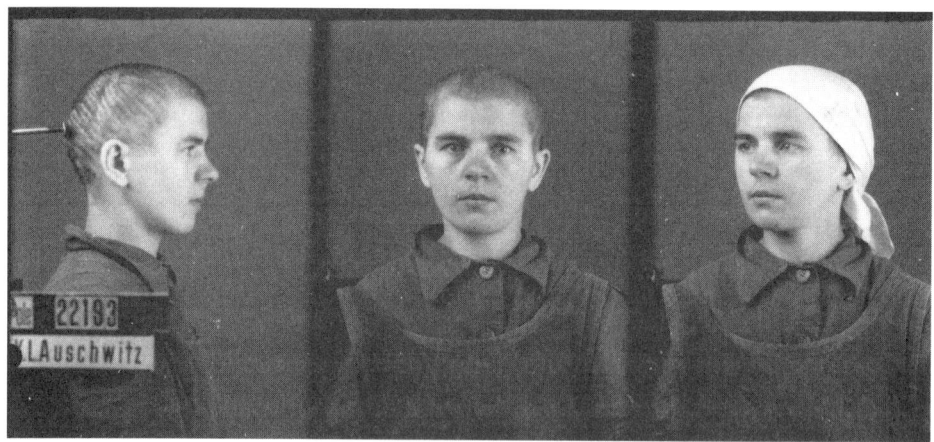

Das erste Foto mit Mütze, das zweite ohne Mütze von vorne und das dritte im Profil.

Sein Vorgesetzter, SS-Hauptscharführer Bernhard Walter, erklärte ihm zu Beginn, welche Art Fotos gemacht werden soll-

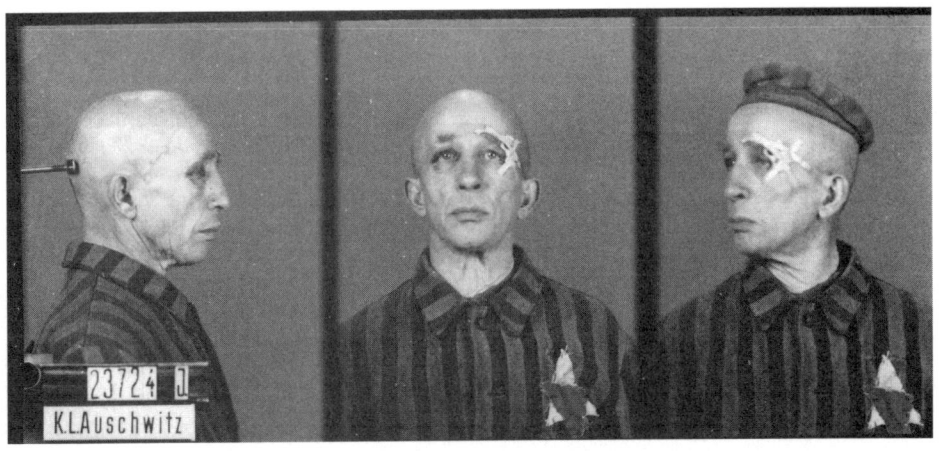

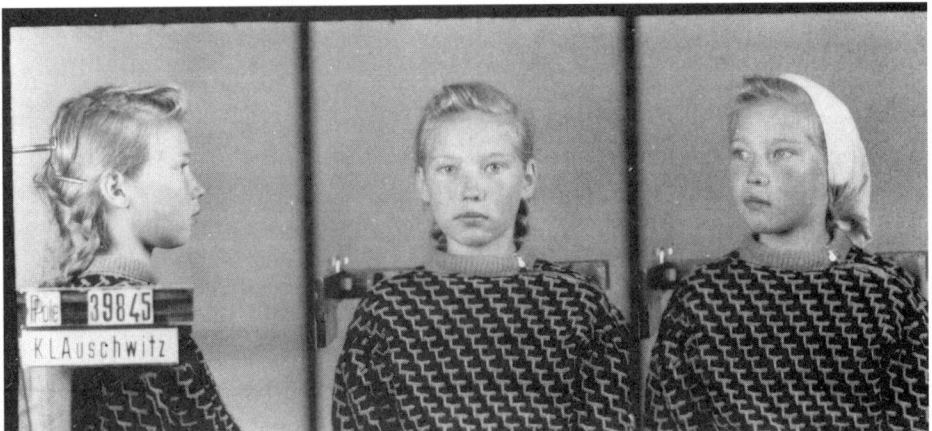

Beispielhafte Fotos von Gefangenen, wie Wilhelm Brasse sie im Erkennungsdienst machen musste.

ten. Männliche Häftlinge, so erklärte er, mussten ordentlich rasiert sein, auf den Gesichtern durfte man keine Spuren von Schlägen sehen, also keine blauen Flecken oder ein blaues Auge, auch keine eiternden Wunden. Häftlinge, die solche Merkmale aufwiesen, sollten zurückgeschickt werden und sich zunächst auskurieren. Brasse stellte jedoch in der Folgezeit fest, dass diese Häftlinge kein zweites Mal mehr zum Fotografieren kamen, sie wurden inzwischen umgebracht.

Deswegen kam es hin und wieder vor, dass er Fotos von Häftlingen machte, die leichte Flecken im Gesicht aufwiesen oder die nicht gesund aussahen. Er achtete nicht mehr so genau darauf, denn er wusste, würde er sie jetzt zurückweisen, würden sie nicht mehr wiederkommen.

Neben Wilhelm Brasse arbeiteten in diesem Kommando noch sechs weitere Häftlinge. Einer von ihnen war Franz Maltz, ein Deutscher, der vorher im Lager Sachsenhausen als Aufseher den Erkennungsdienst geleitet hatte. Malz war kein gelernter Fotograf, er hatte sich das Fotografieren selbst beigebracht. In Auschwitz richtete er das Fotoatelier im Erkennungsdienst ein und fotografierte auf Anweisung von Oberscharführer Bernhard Walter die Häftlinge, die täglich gebracht wurden.

Franz Maltz, ein bekennender Kommunist aus Stettin, wurde, aufgrund seiner politischen Überzeugung, bereits im Mai 1933 verhaftet. Die vielen Jahre in verschiedenen Haftlagern, es sollen nach seinen Darstellungen mindestens zehn gewesen sein, ließen ihn verrohen. Wut, die sich in ihm angestaut hatte, richtete sich oft gegen die Gefangenen, meist Kranke und Frauen. Deshalb bemühten sich die Mitarbeiter im Fotoatelier darum, dass Franz Maltz so wenig Kontakt wie möglich zu den Häftlingen hatte. Trotzdem kam es hin und wieder vor, dass er in unbemerkten Augenblicken immer wieder welche schikanierte, indem er, wenn sie noch auf dem Stuhl saßen, plötzlich den Hebel bediente, der Stuhl sich daraufhin drehte und der Häftling, der gerade darauf saß, ins Straucheln geriet.

Franz Maltz soll sich im September 1943, so war später zu erfahren, mit dem Chef der Lagerkantine getroffen und ihm von einem Traum erzählt haben. Deutschland sei darin mit Stacheldraht eingezäunt gewesen und mittendrin hätten Hitler, Himmler und viele andere Nazigrößen gestanden.

Der Küchenchef, ein Vollblutnazi und Kommunistenhasser, so viel war über ihn bekannt, soll dies der Lagerleitung mitgeteilt haben. Franz Maltz wurde unmittelbar darauf zum Krematorium einbestellt und erschossen.

Brasse registrierte natürlich, dass Maltz nicht mehr zum Dienst erschien und fragte seinen Vorgesetzten Bernhard Walter nach ihm.

»Kapo Maltz kommt nicht mehr«, war die knappe Antwort.

Einen Tag später hatte Wilhelm Brasse Einblick in die Sterbeliste. Darin stand, dass der Häftling Franz Maltz an einem Herzanfall verstorben sei.

Franz Maltz hatte, bis zu seinem Tod 1943, die Funktion des Kapos.

Die übrigen fünf Männer waren junge Polen, zwei aus Krakau, die in einem Kaffeehaus gegenüber dem Slowacki-Theater verhaftet wurden. Die beiden Warschauer hatte man einfach auf der Straße festgenommen und hierher verfrachtet, sowie einen Schlesier, der wegen Mitgliedschaft in einer polnischen Untergrundorganisation und für unerlaubtes Radiohören mit Lagerhaft in Auschwitz bestraft wurde.

Meist arbeiteten sie jedoch zu dritt. Brasse stand als Fotograf hinter der Kamera, gab den Häftlingen Anweisungen und machte die Aufnahmen. Ein Mitarbeiter, in der Regel war es Tadek Bródka, tauschte nach jeder Aufnahme die Kassette mit dem Negativ. Der zweite Kollege, Stanisław Trałka, sorgte dafür, dass die Häftlinge nicht nur die richtigen Nummern bekamen, sondern auch Nationalität und Häftlingskategorie auf dem Schild zu sehen waren, das an dem Stuhl befestigt wurde.

Kapitel 9

Fotografenalltag im Lager

Der Arbeitstag begann für Wilhelm Brasse, wie auch für die anderen Häftlinge, nach dem Morgenappell, der ganz unterschiedlich viel Zeit in Anspruch nahm, je nach Laune der SS-Aufseher.

Bis um 10 Uhr arbeitete er in der Dunkelkammer, machte Abzüge der Fotos vom Vortag. Ab 10 Uhr begann für ihn die Arbeit im Fotoatelier. Schreiber des Erkennungsdienstes legten ihm die Listen der zu fotografierenden Häftlinge vor. Im Flur von Block 26 mussten sie sich in der Reihenfolge der Liste hintereinander aufstellen.

Nacheinander wurden sie aufgerufen. Von jedem Häftling musste er drei Fotos machen.

Brasse gab ihnen kurze Anweisungen.

»Mütze absetzen, geradeaus schauen, direkt ins Objektiv.«

Foto eins.

»Jetzt Mütze aufsetzen. Hier rüber schauen. Ruhig sitzen.«

Foto zwei.

»Und jetzt seitlich.«

Durch die Betätigung des Hebels wurde der Stuhl gedreht.

Foto drei.

»Danke, weg.«

Drei bis vier Minuten brauchte er für jeden Häftling.

Die Menschen, die zu ihm kamen, waren erschöpft und verstört. Besonders dann, wenn sie von Blockschreibern* begleitet wurden, die sie anschrieen und auf sie einschlugen. Brasse griff in solchen Situationen ein.

»Bei uns im Erkennungsdienst sind solche Sachen nicht erlaubt.« Nach außen hin war der Satz überzeugend, aber in seinem Innersten herrschte immer die Angst, irgendwann einmal auf einen Kapo zu stoßen, der sich sofort über ihn beschweren würde. Trotzdem: Er wiederholte diesen Satz immer dann, wenn er es für notwendig hielt.

Und zu den Häftlingen gewandt: »Verhaltet euch ruhig, euch passiert hier nichts.«

Er wollte, dass die Gefangenen in dieser kurzen Zeit, in diesen wenigen Minuten, in denen er mit ihnen alleine war, nichts zu befürchten hatten. Wenigstens für diese Augenblicke sollten sie das Gefühl haben, sicher zu sein.

Als Wilhelm Brasse seinen Beruf als Fotograf erlernte, schaffte die Kamera immer ein Stück Distanz zwischen ihm und der zu fotografierenden Person. Er konnte, wenn er durch den Sucher schaute, Anweisungen geben: bitte lächeln, den Blick verändern, etwas drehen –, so lange, bis er mithilfe der Kamera die richtige Position, die richtige Haltung, den richtigen Blick der Person gefunden hatte, um sie zu fotografieren.

Hier, im Erkennungsdienst, war es gerade umgekehrt. Die Kamera schaffte keine Distanz mehr zwischen ihm und den Häftlingen, die er fotografieren musste. Sobald er durch den

Sucher schaute, sah er ihre verstörten Blicke und die ängstlichen Gesichter. Und alle, alle mussten sie zu ihm kommen, hundert und mehr am Tag, sieben Tage die Woche. Er kannte ihre Angst, er kannte ihre Verzweiflung, er wusste, was sie Tag für Tag durchmachten, und er wusste, dass die meisten von ihnen, die zu ihm kamen, nicht mehr lange leben würden. Er wusste es genau, denn er war einer von ihnen. Zwar war er durch seine Tätigkeit im Erkennungsdienst in einer privilegierten Situation. Aber wie lange würde sie noch anhalten? Er wusste, dass es keine Garantie für ein Überleben in Auschwitz gab, auch nicht für ihn.

Im Erkennungsdienst gab es so etwas wie eine Arbeitsteilung unter den Kollegen. Während Wilhelm Brasse für die Porträtaufnahmen im Atelier zuständig war, musste sein Kollege Tadek Bródka zu den Außenaufnahmen. Seine Aufgabe war es, Selbstmörder zu fotografieren. Oft kam es vor, dass Menschen die Situation im Lager nicht mehr ertragen konnten und sich nachts erhängten. Andere gingen »in den Draht«. Da die Stacheldrahtumzäunung unter Hochspannung stand, starben diese Menschen durch einen Stromschlag.

Später wurden diese Aufnahmen von Bernhard Walters Stellvertreter Ernst Hofmann gemacht. Hofmann war es auch, der – meist zusammen mit Bernhard Walter – die Aufnahmen in Birkenau an der Rampe machte. Er fotografierte die Ankunft der Häftlinge, die Selektionen sowie den Weg der meisten neu Angekommenen von der Rampe bis zu den Gaskammern.

Eine Fotodokumentation, die 1944 entstand, bei der in vielen Bildern sehr detailreich die Ankunft von Häftlingen in Birkenau bis zum Betreten der Gaskammer festgehalten wurde, musste von Wilhelm Brasse und seinen Kollegen im Erkennungsdienst bearbeitet werden. Sie machten die Abzüge und klebten die Bilder in ein Album ein. Das letzte Foto in diesem Album hatte sich in Brasses Gedächtnis festgesetzt. Es zeigte eine Frau beim Betreten der Gaskammer. Ihr Gesicht war angstverzerrt, der Mund zu einem Schrei aufgerissen. Brasse vermutete, dass sie in der Gaskammer noch irgendetwas gesehen hatte, was diese entsetzte Reaktion auslöste.

Ein weiterer Kollege, Tadzio Myszkowski, war für die Beschriftung der Alben zuständig. Er musste die Bilder mit Untertiteln versehen, die ihm zuvor ein SS-Mann aufgeschrieben hatte.

Welchem Zweck diese Alben dienten, wusste Brasse nicht. Sie stellten im Kollegenkreis die Vermutung an, dass sie als Geschenke für höhere SS-Männer vorgesehen waren.

In seinen ersten Monaten im Erkennungsdienst wurden grundsätzlich alle Gefangenen fotografiert und im Häftlingsverzeichnis des Lagers erfasst. Irgendwann in der zweiten Jahreshälfte 1941 kam sein stellvertretender Chef Ernst Hofmann auf ihn zu und befahl: »Brasse, ab heute wirst du keine Juden mehr fotografieren. Das hat keinen Sinn, die sterben sowieso.«

Und in der Tat war es so, dass ab diesem Zeitpunkt keine

jüdischen Häftlinge mehr zum Erkennungsdienst gebracht wurden. Bis etwa zur Häftlingsnummer Fünfzigtausend hatte er sie fotografiert. Danach kam niemand mehr.

Ähnlich wurde später mit polnischen Häftlingen verfahren. Ende 1943 erteilte ihm Hofmann wieder den Befehl: »Brasse, von heute an wirst du keine Polen mehr fotografieren. Schade um das Fotomaterial für die Dreckskerle!«

Brasse zuckte zusammen. Er war selbst Pole.

Seit dieser Zeit wurden nur noch Deutsche, Slowaken und Slowenen fotografiert.

Wilhelm Brasse hatte sich nie notiert, von wie vielen Menschen er im Erkennungsdienst Porträts gemacht hatte. Wenn er aber darüber nachdachte und alles zusammenrechnete, so kam er auf eine Zahl von etwa siebzigtausend.

Kapitel 10

»Brasse, ich sehe schwarz für dich«

Mit seinem Chef, SS-Hauptscharführer Bernhard Walter, verstand sich Wilhelm Brasse im Laufe der Zeit immer besser, sofern man von einem positiven Verhältnis zwischen einem SS-Mann und einem Häftling reden konnte. Aber für Wilhelm Brasse war es in seiner Situation eine durchaus angenehme Erfahrung. Bernhard Walter war kein Mensch, der ihn anbrüllte oder gar schlug. Er war auch kein Vorgesetzter, der ihn lediglich mit seiner Häftlingsnummer ansprach, zumindest dann nicht, wenn sie alleine waren, sich unterhielten. Walter sprach ihn mit seinem Familiennamen an: Brasse.

Walter und Brasse redeten miteinander, wenn die Zeit es zuließ. Brasse brachte ihm einige Techniken in der Fotografie bei, denn Walter hatte Interesse daran. In seiner Eigenschaft als Leiter des Erkennungsdienstes wurde er auch öfter beauftragt, Gefangenentransporte zu fotografieren. Er machte viele Fotos von der Selektion an der Rampe in Auschwitz-Birkenau und auch vom »letzten Weg« derjenigen, die nach ihrer Ankunft im Lager zu den Gaskammern geführt wurden. In ihren Gesprächen erfuhr Brasse, dass Bernhard Walter aus Fürth in Bayern stammte, gelernter Stuckateur war, und dass er, bevor er die Leitung des Erkennungsdienstes in

Auschwitz übernahm, zum Lagerpersonal in Sachsenhausen gehörte. Hier in Auschwitz führte er für SS-Mannschaften Filme vor.

»Brasse, ich sehe schwarz für dich«, sagte er einige Male, oder »Brasse, du bringst uns Schande. Du bist unsere Schande!«

Wilhelm Brasse verstand nicht, was sein Chef ihm damit sagen wollte und er, Walter, gab auch keine weiteren Erklärungen ab. Er wiederholte diese Sätze in gewissen zeitlichen Abständen immer mal wieder.

Irgendwann im Jahr 1943 wurde Wilhelm Brasse ins Büro von SS-Hauptsturmführer Hans Aumeier** zitiert. Er kannte ihn vom Sehen, denn er war einige Male im Erkennungsdienst gewesen und hatte sich die Arbeit dort angesehen, sich informiert. Wenn er sich bei diesen Gelegenheiten mit Bernhard Walter unterhielt, kam es vor, dass er auch einige Worte an ihn, den Häftling Wilhelm Brasse, richtete. Entweder fragte er ihn nach persönlichen Dingen oder lobte seine Arbeit. Diese Erfahrung hatte Brasse schon mit einigen SS-Männern gemacht. Er wunderte sich nicht mehr darüber, er fand es einfach nur merkwürdig, wie man in einer solchen Position, in der man täglich den Tod einer großen Anzahl von Menschen festlegt, scheinbar ganz normale Gespräche führen konnte.

Dort, in seinem Büro, sprach er in einem anderen Tonfall mit ihm. Dienstsprache. Gepresste Sätze.

»Was macht die Familie?«

Woher sollte Brasse das wissen, er hatte ja keinen Kontakt.

Er hatte auch nicht das Gefühl, dass diese Frage ernst gemeint war. Denn gleich, ohne auch nur die Andeutung einer Antwort abzuwarten, kam schon die nächste Frage.

»Was würden Sie tun, wenn wir Sie jetzt freilassen würden?«

Brasse wusste bei dieser Frage, worauf der SS-Hauptsturmführer hinauswollte. Nein, er würde ihm nicht auf den Leim gehen. Sicher erwartete er, dass er, Brasse, unverzüglich der Wehrmacht beitrete, um gemeinsam mit ihr gegen den Feind zu kämpfen.

Aber Brasse gab dem Hauptsturmführer nicht die von ihm erhoffte Antwort: »Ich habe einen guten Beruf, ich würde in meinem Beruf arbeiten.«

Und dann kam doch noch, ganz offen ausgesprochen, das Angebot, ihn sofort zu entlassen, wenn er sich in der Volksliste registrieren und unterschreiben würde, dass er Deutscher sei.

Keinen Augenblick hatte er gezögert. Zweimal hatte er ein solches Angebot abgelehnt. Und auch dieses Mal blieb er bei seiner Entscheidung.

Später erfuhr er, dass einige seiner Landsleute nachgegeben und die Liste unterschrieben hatten. Vom Lager aus kamen sie sofort zur Wehrmacht und mussten an die Front.

Kapitel 11

Bekannte

In Block 11 des Stammlagers, bekannt und berüchtigt als Todesblock, arbeitete ein Häftling, der von der SS als Funktionshäftling*, als Kalfaktor*, eingesetzt war. Er hieß Wacław Ruzki. Nicht nur in Block 11, sondern im ganzen Lager war er für seine Brutalität und Grausamkeit bekannt. Deswegen wurde er von den Häftlingen der »blutige Wacek« genannt.

Wilhelm Brasse hatte schon öfter beobachtet, wie er Häftlinge umbrachte. Er warf sie auf den Boden, mit dem Gesicht nach oben, legte den Stiel einer Schaufel auf deren Hals und wippte, indem er sich auf beide Enden des Stils stellte, so lange hin und her, bis er sie erwürgt hatte.

An einem Tag im Frühjahr 1941 kam Wacław Ruzki mit einigen Gefangenen der Strafkompanie in den Erkennungsdienst, die Gefangenen sollten dort noch registriert und fotografiert werden.

Wilhelm Brasse schaute sich die Gruppe an und entdeckte unter ihnen drei bekannte Gesichter, Bekannte aus seiner Heimatstadt Żywiec. Polnische Staatsbürger. Juden. Einer, der Ältere unter ihnen, Wachsberger, war der Besitzer eines Restaurants gegenüber dem Bahnhof von Żywiec, der Zweite, Ennoch, betrieb einen Laden, den Dritten kannte er namentlich nicht, wusste aber, dass auch er aus Żywiec stammte. Brasse ging auf die drei Männer zu. Bei Wachsberger entdeckte er Risse in der Ohrmuschel, die ihm vermutlich von Wacław Ruzki zugefügt worden waren.

Brasse gab den drei Männern Zigaretten. Als Wacław Ruzki dagegen protestierte, wehrte Brasse das ab.

»Lass sie in Ruhe die Zigarette rauchen!«, sagte er entschieden.

Auch ein Stück Brot bekam jeder von ihnen, und auch jetzt gebot Brasse Ruzki Einhalt, als er ihnen das Essen verbieten wollte.

Wilhelm Brasse erinnerte sich in diesem Moment an die Begrüßungsrede von Hauptsturmführer Fritzsch bei seiner Ankunft, wonach Juden nur wenige Tage im Lager leben würden. Er erinnerte sich, wie gleich am ersten Tag sechs jüdische Häftlinge vor seinen Augen ermordet worden waren. Er wusste, dass auch die anderen aus seinem Transport nicht mehr lebten. Die Worte von Fritzsch waren zur grausamen Realität geworden. Und so konnte er sich denken, dass auch diese drei Männer nicht mehr lange leben würden.

Brasse fasste in dieser Situation einen Entschluss.

»Wenn du sie schon umbringen musst«, begann er zögernd, »dann tue das so, dass sie nicht allzu viel leiden müssen.« Brasse knetete seine Mütze mit beiden Händen, bevor er weiterredete. »Vielleicht…,« begann er, »vielleicht kannst du sie ja mit einem einzigen Hieb töten.« Er setzte seine Mütze wieder auf, drehte sich um und ging ins Fotoatelier, um dort seiner Arbeit nachzukommen.

›Ist das wirklich alles, was ich für sie tun kann?‹, überlegte Brasse. Wie gerne hätte er mehr für die drei Männer getan, sie aus der Gewalt von Ruzki befreit, sie gerettet. Er hatte dazu weder die Macht noch irgendwelche Möglichkeiten. Die Bitten an Ruzki waren das Einzige, was er für die Bekannten tun konnte. Und dafür hatte er schon sein Leben riskiert. Ruzki hätte ihn auch bei seinen Vorgesetzten verraten, ihnen mitteilen können, dass Brasse sich für Gefangene einsetze. Das wäre sein Ende gewesen.

Nur wenige Tage später, so erfuhr Brasse, waren sie tot. Wie sie umkamen, hat er nicht erfahren.

Die Bitte, die er an Ruzki ausgesprochen hatte, sollte ihn noch lange, lange verfolgen. Über Wochen träumte er Nacht für Nacht von Ruzki, wie der ihn beim Leiter der politischen Abteilung, Maximilian Grabner[**], angeschwärzt hatte, wie Grabner ihn aus den Räumen des Erkennungsdienstes holte und ihn vor die schwarze Wand… In solchen Momenten wachte er dann schweißgebadet auf.

Kapitel 12

Erste Vergasungen

Im September des Jahres 1941 machte Wilhelm Brasse eine merkwürdige Beobachtung.

Überall im Lager sah er SS-Männer mit Gasmasken. Niemand wusste, was das zu bedeuten hatte, selbst er erfuhr nichts, obwohl der Erkennungsdienst sonst ein ganz guter Umschlagplatz für Informationen und Gerüchte war. Die Häftlinge waren sehr verängstigt.

Die Aktivitäten der SS-Männer konzentrierten sich, so konnte er beobachten, auf Block 11. Er konnte beobachten, wie sie Fenster und Türen abdichteten. Niemand hatte eine Vermutung, niemand hatte eine Erklärung, welcher Zweck damit beabsichtigt war. Das machte den Häftlingen Angst.

Hintergrund dieser Aktion war, dass Karl Fritzsch erste Versuche, Häftlinge zu vergasen, angeordnet hatte. Von dem Lagerarzt Dr. Siegfried Schwela** wurden dafür sechshundert sowjetische Kriegsgefangene selektiert, die man mit Zyklon B tötete. Die ersten Versuche dauerten mehrere Tage, bis alle Menschen im Raum tot waren.

Die Ermordung dieser Häftlinge fand nach dem Abendappell statt. Für alle Häftlinge des Lagers wurde eine Lagersperre verhängt, d.h. keiner der Häftlinge durfte die Blockunterkunft verlassen. Erst in der folgenden Zeit sprach sich unter den Gefangenen herum, was an jenem Abend und in jener Nacht und in den folgenden Tagen geschehen war.

In den Augen der SS war diese Vergasungsaktion ein voller Erfolg. Ab diesem Zeitpunkt wurde im Konzentrationslager Auschwitz die Tötung mit Zyklon B systematisch bis hin zum industriellen Massenmord praktiziert.

In solchen Dosen wurde Zyklon B nach Auschwitz geliefert. Hergestellt wurde es von der Firma Degesch in Frankfurt am Main. Degesch steht für Deutsche Gesellschaft für Schädlingsbekämpfung.

Kapitel 13

Das deutsche Mädchen

Immer wieder mal kamen deutsche Mädchen oder junge deutsche Frauen, die als Hilfspersonal für die SS in der Telefonzentrale arbeiteten, zum Erkennungsdienst. Die Telefonzentrale befand sich gleich hinter dem Stacheldrahtzaun in der Nähe des Krematoriums. Im Parterre des Gebäudes war das SS-Krankenhaus, die Telefonzentrale eine Etage darüber.

Diese jungen Mitarbeiterinnen bekamen die Erlaubnis, sich dort nach Feierabend fotografieren zu lassen. Für Wilhelm Brasse waren diese Besuche eine willkommene Abwechslung. Ihm gefielen die meisten dieser jungen deutschen Mädchen und Frauen, und er freute sich, sie fotografieren zu dürfen. Obwohl sie alle Uniformjacken trugen und sich damit von dem Häftling mit der Nummer 3444 abhoben, unterhielten sie sich manchmal mit ihm, auch wenn es dazu keine Erlaubnis gab.

An einem Abend kam wieder einmal eine dieser jungen deutschen Frauen ins Fotoatelier. Wilhelm Brasse sah sie und – sie gefiel ihm auf Anhieb. Besonders ihre blonden Haare hatten es ihm angetan. Sie ging auf Brasse zu, sagte ihm, sie brauche ein Foto, ein sehr gutes Foto von sich.

»Gib dir viel Mühe damit, es soll ein ganz besonderes

Foto werden«, sagte sie und warf ihm einen langen Blick zu. »Mein Busen soll dabei richtig zur Geltung kommen.«

Wilhelm Brasse war sehr nervös und auch erregt, als er sah, wie sie zunächst ihre Jacke, dann ihre Bluse und schließlich ihren Büstenhalter auszog und ihren Busen lediglich mit einem durchsichtigen Stoff bedeckte, den sie mitgebracht hatte. Sie positionierte sich vor der Kamera und Brasse fotografierte. Er machte mehrere Aufnahmen von ihr.

Die Zeit mit ihr im Atelier ging viel zu schnell vorbei. Sie zog sich an und verließ den Raum. Brasse hätte ihr gerne noch etwas gesagt, sich mit ihr unterhalten. Aber er traute sich nicht. Er als Häftling – was würde sie von ihm denken? Oder sollte er es doch probieren, wenn sie die Fotos abholte?

Einige Tage später kam sie wieder. Sie war sehr zufrieden mit den Bildern, und auch Wilhelm Brasse, der in den zurückliegenden Tagen öfter an sie dachte, fand sie sehr gelungen. Und, obwohl er in Häftlingskleidung vor ihr stand, sie in einer Uniformjacke, brachte er an diesem Tag den Mut auf, mit ihr ein paar Worte zu wechseln.

»Sie sind sehr fotogen«, sagte er etwas verlegen, »mit einer besseren Kamera könnte man da noch mehr machen.«

»Nein, nein, diese Bilder sind ganz hervorragend, und, wenn man bedenkt, in welcher Umgebung sie gemacht wurden...«

»Lassen Sie uns für einen Augenblick die Wirklichkeit vergessen«, unterbrach sie Brasse. »Dieser Augenblick ist dafür zu kostbar.«

»Ja, Sie haben recht«, entgegnete sie, nun auch etwas verlegen und schaute ihm lange in die Augen.

Wilhelm Brasse gefiel das. Wann hatte er zuletzt mit einer so gut aussehenden Frau geredet? Wann hatte ihn zuletzt eine so gut aussehende Frau so angesehen?

Sie hatten nur wenige Minuten Zeit, aber Wilhelm Brasse genügten diese Augenblicke, um sich zu ihr hingezogen zu fühlen.

Nach etwa zwei Wochen erkundigte sich Wilhelm Brasse bei Mitgefangenen, die in der Nähe der Telefonzentrale arbeiteten, nach der jungen deutschen Frau.

»Ja, ja, wir wissen, wen du meinst«, sagten sie, »dieses hübsche junge Ding… Sie lebt nicht mehr.«

»Was ist denn passiert?«, wollte Brasse wissen. Er konnte nicht fassen, was er gehört hatte.

»Sie hat Selbstmord begangen«, bekam er zur Antwort, »sie hat sich vergiftet.«

Es stellte sich heraus, dass sie die Situation im Lager nicht ertragen konnte. Von ihrer Arbeitsstelle im ersten Stock des Gebäudes konnte sie sehen, wie Tag für Tag Tote auf Karren ins Krematorium gebracht wurden. Die Schornsteine haben gequalmt und einen süßlich beißenden Geruch verbreitet.

Wenige Tage später wurde Brasse beim Abendappell von Hauptsturmführer Heinrich Schwarz** aufgefordert, vorzutreten. »Häftling 3444 meldet sich zu Befehl!«, sagte Brasse auf Deutsch. Er bekam die Anweisung, unverzüglich alle Negative dieser deutschen jungen Frau, die sich das Leben genommen hatte, herauszugeben. Der SS-Mann nahm sie ohne weiteren Kommentar an sich. Für Wilhelm Brasse wurde dadurch deutlich, dass der Tod dieser jungen Frau für die Deutschen eine Bedeutung hatte.

Kapitel 14

Die Tätowierung

Gelegentlich bekam Wilhelm Brasse den Auftrag, ganz besondere Aufnahmen zu machen.

Der Lagerarzt Friedrich Entress, der von den Häftlingen unter anderem wegen seiner Experimente zum Flecktyphus gefürchtet war, entdeckte bei den Untersuchungen der Häftlinge manchmal interessante Tätowierungen. Viele davon mit nackten Frauen in eindeutigen Posen.

Eine jedoch war ein ganz außergewöhnliches Kunstwerk.

»Schau mal, was ich da habe!«

Mit diesen Worten kam der Lagerarzt Entress an einem Tag zum Erkennungsdienst. Er hatte einen Häftling dabei, den er nicht mit seiner Nummer, sondern mit seinem Namen vorstellte. Das war, besonders für Entress**, sehr ungewöhnlich, denn Häftlinge waren für ihn lediglich menschliches Material, das ihm zur Verfügung zu stehen hatte.

»Das ist Zieliński«, sagte er zu Brasse und gleich darauf an seinen Begleiter gewandt: »Zieh deine Jacke aus und zeig es dem Fotografen!«

Zieliński, ein großer und kräftiger Mann hatte Mühe, mit seinen ungelenken Fingern die Häftlingsjacke aufzuknöpfen.

Der Anblick, der sich Brasse bot, war wirklich erstaunlich.

Er hatte ein Tattoo über die gesamte Fläche seines Rückens. Es stellte das Paradies dar, auf der einen Seite Adam mit dem Paradiesapfel in der Hand, auf der anderen Seite Eva, in Blau und Rot tätowiert, die Adam einen zweiten Apfel entgegenhielt, und in der Mitte der Baum der Erkenntnis mit der Schlange.

»Da hat sich jemand viel Mühe gegeben«, strahlte der Arzt, »davon hätte ich gerne ein paar Aufnahmen. In Farbe!«

Brasse fotografierte diesen Männerrücken und ein paar Tage später holte der Arzt die Fotos ab.

Keine zwei Monate später bat ihn der Kapo Mieczysław Morawa, mit ihm zum Krematorium zu kommen. Brasse und Morawa kannten sich schon seit einiger Zeit, und Morawa drängte ihn: »Du musst dir das unbedingt mal ansehen. Es ist etwas ganz Außergewöhnliches!«

Nach zwei Tagen hatte Brasse die Möglichkeit, zusammen mit dem Leichenträger-Kommando zum Krematorium zu gehen. Hinter dem Gebäude stand ein Tisch, auf dem eine Haut aufgespannt war. Die Haut eines Menschen. Eine Haut mit einem Tattoo. Sie wurde zum Gerben vorbereitet. Wilhelm Brasse erkannte das Tattoo sofort wieder.

»Wer hat das angeordnet?«, fragte Brasse entsetzt.

»Na wer schon, Entress natürlich«, sagte der Kapo, »er will sich davon...«

Brasse wollte nicht mehr hören, was der Arzt damit vorhatte. Er dreht sich um und ging.

Kapitel 15

Nachtschicht

Einmal teilte ihnen ihr Chef, SS-Hauptscharführer Bernhard Walter mit, sie müssten die ganze Nacht durcharbeiten, weil ein Gefangenentransport erwartet werde, der sofort fotografiert werden müsse.

Tausendeinhundert Häftlinge!

In einer riesigen Schlange standen sie vom Flur des Erkennungsdienstes bis weit in die Lagerstraße hinein.

Die Tür zum Flur stand offen, und so konnte Wilhelm Brasse sehen, dass die Häftlinge alles abgeben mussten, was sie besaßen. Wertsachen, Kleidung, Schmuck, mitgeführte Lebensmittel, alles mussten sie den Wachen übergeben oder es wurde ihnen weggenommen.

Einmal, als es draußen unruhig wurde, ging Wilhelm Brasse in den Flur. Ein Herr, Brasse schätzte ihn auf fünfzig Jahre, trat auf ihn zu und sprach ihn in gebrochenem Polnisch an.

»Hier«, sagte er und hielt ihm seine Mütze hin, die randvoll gefüllt war mit Schmuck, Edelsteinen und Goldstücken, »hier«, wiederholte er, »nehmen Sie das, dann haben Sie für den Rest Ihres Lebens ausgesorgt.«

Brasse lehnte das ab. Er wollte sich nicht bereichern, nicht an den Häftlingen. Außerdem wusste er, dass es für ihn schlecht enden würde, sollte er das annehmen.

Eine ähnliche Begebenheit fiel ihm in dieser Situation ein. Ein Bekannter von ihm, ein Mithäftling, der im Kommando »Kanada« arbeitete und für die Durchsuchung der Häftlingskoffer zuständig war, brachte einmal ein ganzes Bündel Hundert-Dollar-Scheine mit in die Schlafbaracke, alles zusammen mindestens zehntausend Dollar.

»Die habe ich gefunden«, erklärte er Brasse, und nun überlege er, was er damit anfangen könne.

»Hier ist ein Ofen«, sagte Wilhelm Brasse, »er ist an. Verbrenne die Scheine!«

Sein Kollege schaute ihn zuerst mit großen Augen an. Dann zuckte er mit den Schultern und warf den ganzen Packen Geldscheine in die Flammen. Nach kurzer Zeit war nur noch Asche übrig.

Bis zum nächsten Morgen hatten sie den ganzen Transport fotografiert. Viele von ihnen wurden schon in den nächsten Tagen ermordet.

Kapitel 16

Block 20

Wenn Wilhelm Brasse aus dem Fenster des Erkennungsdienstes schaute, sah er, gegenüber auf der anderen Straßenseite, Block 20, den Krankenbau. Dieser Block wurde auch der »Infektionsblock« genannt.

Jeden Tag konnte Wilhelm Brasse beobachten, wie Gefangene dort hineingeführt wurden, aber nicht mehr herauskamen. Einmal sah er sogar, wie eine Gruppe Jugendliche vor diesem Gebäude Schlange stand.

Aus dem, was er gehört hatte, konnte er erahnen, was hinter den Mauern dieses Hauses vor sich ging.

Dort arbeitete seit Oktober 1941 Sanitätsdienstgrad Josef Klehr**. Das Arbeitszimmer des gelernten Tischlers befand sich direkt links neben dem Eingang. In diesen Raum wurden die Häftlinge einzeln und nackt hineingeführt. Häftlinge, die vorher von SS-Arzt Friedrich Entress im Häftlingskrankenbau nach bestimmten Kriterien ausgesucht worden waren. Dabei handelte es sich um Kranke, die nicht mehr arbeiten konnten, oder um Häftlinge, die von der politischen Abteilung zur Liquidierung freigegeben wurden, sowie um Kinder und Jugendliche, die in den Augen der SS zum Arbeiten ungeeignet und daher für das Lager lästig waren.

Josef Klehr, in seinem Arbeitsraum meist mit einem weißen Arztkittel bekleidet, um dadurch medizinische Autorität auszustrahlen, wies die Gefangenen an, sich auf den Stuhl zu setzen. Er tastete ihren Brustkorb ab, um die Stelle zu lokalisieren, an der er die Spritze einführen wollte, und stach dann mit der Injektionsnadel direkt ins Herz. »Abspritzen« hieß dieser Akt in der Lagersprache. An manchen Tagen rühmte Klehr sich für seine Effektivität: »Drei Kranke pro Minute, das soll mal einer nachmachen!«

Phenol wurde gespritzt, das hatte der SS-Arzt Entress nach Versuchen mit verschiedenen anderen Mitteln entschieden. Bei den Häftlingen trat der Tod meist sofort ein. Manche lebten aber noch ein paar Minuten. Von einem für diese Arbeiten vorgesehenen Arbeitskommando wurden die Toten in einen Nebenraum geschleift und dort bis zum Abend gelagert. Gefangene des Leichenträgerkommandos brachten sie später zum Krematorium.

Zwischen sechzig und hundert Menschen wurden täglich von dem Tischler Josef Klehr ermordet, der es in Auschwitz zum Sanitätsgrad und Oberscharführer gebracht hatte.

An manchen Tagen ging Josef Klehr, nachmittags nach getaner Arbeit, in das gegenüberliegende Gebäude des Erkennungsdienstes. Einen völlig unbeschwerten Eindruck machte er auf Wilhelm Brasse, wenn er von seiner Heimat erzählte, von seiner Familie, aber auch von seinen Erfahrungen an der Front. Er freute sich darüber, dass er sich mit dem Polen Wilhelm Brasse, der so gut deutsch sprach, unterhalten konnte, und er forderte Brasse auf, er solle auch über sein Leben, über seine Familie reden. Brasse hielt sich sehr zurück, erzählte nur ohnehin Bekanntes.

Wilhelm Brasse konnte nicht verstehen, wie sich jemand nach einem solchen »Arbeitstag« so ruhig und gelassen geben konnte, gerade so, als habe er sich den ganzen Tag um Kranke gekümmert, sie gewaschen und gepflegt. Kalt lief es ihm den Rücken hinunter, wenn er feststellte, wozu viele Deutsche fähig waren.

Kapitel 17

Die Hochzeit

Das Standesamt in Auschwitz war der politischen Abteilung zugeordnet. Schreiber registrierten hier in Schichten rund um die Uhr die gemeldeten Todesfälle. Nur wenige Geburten wurden in den Melderegistern verzeichnet, Namen, die oft schon nach wenigen Tagen wieder auf den Todeslisten erschienen.

Es gab eine Hochzeit. Rudolf Friemel, ein Funktionshäftling, hatte von höchster Stelle die Genehmigung erhalten, zu heiraten. Keine Ferntrauung, wie es in Kriegszeiten oft üblich war, sondern eine Trauung vor Ort, im Standesamt des Stammlagers Auschwitz.

Rudolf Friemel, 1907 in Wien geboren, war ein österreichischer Widerstandskämpfer gegen den Nationalsozialismus. Er gehörte in Österreich dem Republikanischen Schutzbund an und beteiligte sich am bewaffneten Aufstand im Februar 1934 gegen den faschistischen Ständestaat. Für die Teilnahme an diesem Aufstand wurde er im Juli 1934 verhaftet und im Oktober 1935 zu sieben Jahren Haft verurteilt.

Bereits im Juli 1936 wurde er aus dem Gefängnis entlassen und ging nach Spanien. Als Freiwilliger kämpfte er dort im Spanischen Bürgerkrieg mit den Internationalen Brigaden gegen die Einrichtung einer faschistischen Diktatur. In dieser Zeit lernte er die Spanierin Margarita Ferrer kennen und verliebte sich in sie.

Nach der Niederlage 1939 flüchteten sie gemeinsam nach Frankreich. Friemel meldete sich im Lager Gus zum unbewaffneten Arbeitsdienst und wurde im Bergbau in Carmaux eingesetzt. In dem kleinen Ort Arthès im Department Tarn lebte er mit Margarita zusammen. Ihr gemeinsamer Sohn Edouard wurde am 26. April 1940 geboren.

Nachdem Frankreich durch das Deutsche Reich besetzt wurde, meldete sich Rudolf Friemel zusammen mit Margarita und ihrem kleinen Sohn zum Rücktransport nach Wien. In Vierzon wurden sie Ende Juli 1941 von den französischen Behörden an die Gestapo übergeben. Rudolf Friemel wurde nach Wien gebracht, wo man ihn erkennungsdienstlich erfasste und im Januar 1942 ins Konzentrationslager Auschwitz deportierte. Dort bekam er die Häftlingsnummer 25173.

Margarita Ferrer und ihr Sohn Edouard wurden nach Kirchheim/Teck transportiert, wo sie in ein Heim für ledige Mütter eingewiesen wurden.

Im Konzentrationslager Auschwitz machte man sich schnell die Fähigkeiten des gelernten Kraftfahrzeugmechanikers Friemel zunutze und setzte ihn in der Fahrbereitschaft für die SS-Mannschaften ein. Als Funktionshäftling genoss er, wie auch andere, bestimmte Privilegien. Er bekam eine bessere Verpflegung und, weil er sich nach außen hin mit den SS-Mannschaften arrangierte, blieben ihm körperliche Schwerstarbeit sowie Misshandlungen erspart. Untergebracht war er, wie auch andere mit dem Status eines Funktionshäftlings, in Block 5.

Hier lernte Wilhelm Brasse ihn kennen. Sie trafen sich, wann immer es möglich war, erzählten sich ihre Geschichten, und besonders Rudolf Friemel war es, der nicht nur Brasse, sondern auch viele andere Häftlinge dazu ermutigte, sich nicht aufzugeben, sondern durchzuhalten. Dieses Höllenlager, wie er es oft bezeichnete, werde irgendwann ein Ende haben, und sie alle würden dann gebraucht werden, um ihre Erlebnisse zu bezeugen und, noch wichtiger, eine neue, eine bessere Zukunft aufzubauen.

Rudolf Friemel schloss sich schon bald nach seiner Einlieferung in Auschwitz der österreichischen Widerstandsgruppe an, die sich im Mai 1943 mit dem polnischen Lagerwiderstand zur Kampfgruppe Auschwitz* zusammenschloss. Die Mitglieder trafen sich in Block 4 in einem Verschlag unter der Kellertreppe, in dem Putzutensilien aufbewahrt wurden. Als eine ihrer Aufgaben sahen sie es an, auf Neuankömmlinge zuzugehen, sie zu beraten, wie sie sich verhalten sollten. Besonders wichtig war die Angabe des Berufes. Akademiker sollten auf keinen Fall ihren tatsächlichen Beruf angeben, denn so würden sie schnell in Arbeitskommandos eingewiesen, in denen sie schwere körperliche Arbeiten verrichten mussten. Die Überlebensdauer für diesen Personenkreis war hier nur sehr kurz, manchmal nur wenige Tage oder Wochen. Sicherer war es da, handwerkliche Fähigkeiten zu benennen, da diese dringend gebraucht wurden und einen Einsatz mit einer leichteren Beschäftigung garantierten.

Wilhelm Brasse erfuhr schon früh, dass nicht nur Rudolf Friemel, sondern auch sein Vater von Wien aus versuchte, eine Heiratsgenehmigung zu bekommen. Er wollte seine große Liebe Margarita heiraten und damit auch den Status seines Sohnes als uneheliches Kind legalisieren. Sie machten Eingaben an das Reichssicherheitshauptamt* in Berlin und hofften darauf, nicht nur gehört zu werden, sondern auch eine Genehmigung zu bekommen. Rudolf Friemel erwartete insgeheim, für die Hochzeit nach Wien reisen zu können.

Wilhelm Brasse konnte sich nicht vorstellen, dass man ihn beurlauben würde, so wie er das in seinen Briefen beantragte. Aber Friemel ließ nicht locker. Wenn er in einem bestimmten Zeitraum keine Antwort bekam, schrieb er erneut, ohne sich dabei anzubiedern, ohne irgendwelche Kompromisse anzudeuten. Einen für ihn letzten Versuch startete er im Dezember 1943. Wenn der Antrag erfolglos bleiben würde, wollte er aufgeben. Er wandte sich an den Lagerkommandanten und bekam fünf Wochen später eine von Heinrich Himmler, SS-Reichsführer und Reichsinnenminister, unterschriebene Genehmigung, dass er zwar nicht in Wien heiraten könne, aber beim Standesamt in Auschwitz. Friemels Vater, sein Bruder, seine spanische Braut Margarita und der gemeinsame Sohn Edouard bekamen von der Lagerleitung Auschwitz die Erlaubnis, »zwecks Eheschließung von Rudolf Friemel und Margarita Ferrer« anzureisen.

Der Termin der Eheschließung wurde nach Absprache mit Rudolf Friemel auf den 18. März 1944 gelegt.

Rudolf Friemel wird heiraten. Diese Nachricht verbreitete sich schnell. Viele, die davon hörten, mochten es kaum glauben. Heiraten an einem Ort, an dem sonst nur gestorben wird?

»Brasse, du wirst die Hochzeitsfotos machen!« Sein Vorgesetzter, SS-Hauptscharführer Bernhard Walter, gab ihm die Anweisung. »Und gib dir Mühe, ein gutes Bild zu machen, damit man es herzeigen kann!«

Rudolf Friemel hatte sich in den Wochen vor seiner Hochzeit die Haare wachsen lassen. Aus dem Kleiderlager besorgte man ihm einen Anzug, eine Krawatte und ein weißes Hemd, das für diesen Anlass noch mit Rosen bestickt wurde.

Margarita und Edouard, Friemels Vater sowie der Bruder waren pünktlich aus Wien angereist. Die Trauung, bei der die beiden Männer Trauzeugen waren, fand an dem festgelegten Tag um elf Uhr statt.

Die Hochzeitsfotos wurden im Fotoatelier des Erkennungsdienstes gemacht. Für Wilhelm Brasse war das eine Herausforderung, denn seine ganze Fotoausrüstung war nicht für Gruppenfotos geeignet, sondern ausschließlich für Porträtaufnahmen. Deswegen war er mit seinen Ergebnissen auch nicht ganz zufrieden, weil er die Gesichter des Ehepaares nicht richtig ausleuchten konnte und somit Schatten entstanden.

Noch während Wilhelm Brasse fotografierte, spielte nebenan in der Sauna des Badehauses das Lagerorchester in kleiner Besetzung das Stück »Hoch sei die Liebe«. Brasse gefiel dieses Lied, er hatte es früher oft gehört. Doch plötzlich erstarb die Musik, jemand hatte sich einen Scherz erlaubt und die

Die Hochzeit

Rudolf Friemel mit seiner Frau Margarita und dem gemeinsamen Sohn Edouard, aufgenommen im Fotoatelier des Stammlagers Auschwitz am Tag ihrer Hochzeit. Der Fotograf war Wilhelm Brasse.

Duschhähne aufgedreht, und alle Musiker bekamen einen kalten Guss Wasser ab.

Rudolf Friemel und seine Frau Margarita verbrachten die Hochzeitsnacht in Block 24, dem Lagerbordell*, das man an diesem Tag geschlossen hatte, damit das junge Paar dort ungestört sein konnte.

Am nächsten Tag mussten die Hochzeitsgäste wieder zurück nach Wien fahren, während für Rudolf Friemel der Lageralltag weiterging.

Am 27. Oktober 1944 bereiteten fünf Häftlinge ihre Flucht vor. Einer von ihnen war Rudolf Friemel. Sie zogen einen SS-Mann in ihr Vertrauen, der sie auf seinem Lkw aus dem Lager bringen sollte. Rudolf Friemel kannte ihn, er hatte ihn öfter chauffiert und sein Auto repariert. Besonders auf den Dienstfahrten redeten sie miteinander, auch über vertrauliche Dinge. Friemel glaubte bei diesen Gesprächen immer wieder herauszuhören, dass auch dieser SS-Mann dem, was er tagtäglich im Lager vorfand, nicht nur kritisch, sondern sehr ablehnend gegenüberstand. Sätze wie »Die kann man doch nicht alle einfach so umbringen« oder, für Friemel noch überzeugender, »Das sind doch Menschen, Väter, Mütter, Kinder, die wollen doch leben!«. Friemel vertraute auf die Ehrlichkeit dieses Mannes. Etwas anderes konnte er sich nicht vorstellen. Und als sie ihn in ihre Fluchtpläne einweihten, schien es gerade so, als sei er fest auf ihrer Seite. Ohne Wenn und Aber.

Doch dieser SS-Mann denunzierte sie. Sie wurden verhaftet und kamen in den Bunker in Block 11.

Friemel warf man nicht nur den Fluchtversuch vor, er wurde auch beschuldigt, im Laufe der Zeit im Lager Lebensmittel, Kleidung und Medikamente geschmuggelt zu haben. Außerdem wurde ihm Kontakt zu Partisanengruppen außerhalb des Lagers vorgehalten.

Angesichts der Anschuldigungen und der Würdigung seiner Person war die Lagerführung uneinig darüber, was mit den Häftlingen geschehen sollte. Während Lagerleiter Baer** sich für eine Hinrichtung aussprach, gab man in der politischen Abteilung zu bedenken, dass zumindest Rudolf Friemel doch ein privilegierter Häftling sei, dem man auch deshalb eine Hochzeit gestattet hatte, um das Image des Lagers nach außen hin aufzubessern.

Lagerleiter Baer polterte: »Nun habe ich diesen SS-Mann, der uns rechtzeitig die Flucht gemeldet hat, schon für diese Leistung befördert. Allein schon deswegen muss die Todesstrafe angewandt werden! Wo kämen wir sonst hin? Wir können und dürfen uns nicht unglaubwürdig machen! Und außerdem... wer sind sie schon? Jeder andere, dem man ein solches Verbrechen nachweisen könnte, wäre längst am Galgen! Sie müssen hängen, fertig.«

Während man sich in der Lagerleitung darüber stritt, ob die Häftlinge nun hingerichtet werden sollten oder nicht, schrieb Rudolf Friemel Briefe an seine Frau, in denen er manchmal sehr zuversichtlich war, dass alles ein gutes Ende nehmen würde, in anderen war er aber niedergeschlagen und schrieb, er wisse nicht, ob er noch lebe, wenn dieser Brief bei ihr ankomme.

Der 30. Dezember brachte die Entscheidung. Weil man sich im Lager nicht einigen konnte, forderte man vom Reichssicherheitshauptamt in Berlin ein Votum. Danach sollte gegen die fünf Häftlinge die Todesstrafe verhängt werden, die noch am gleichen Tag zu vollstrecken sei, hieß es in dem Brief aus Berlin.

Um siebzehn Uhr, als fünfzehntausend Häftlinge, unter ihnen Wilhelm Brasse, auf dem Appellplatz angetreten waren, wurden die fünf Verurteilten vorgeführt und unter den Galgen gestellt.

Wilhelm Brasse erinnerte sich in dem Moment an Friemels Hochzeit. Er erinnerte sich, wie glücklich er war, seine Margarita heiraten zu können, seinen Sohn in den Armen

Massengalgen an der Frontseite des Appellplatzes. Hier wurden, meist nach dem Abendappell, bis zu zwölf Hinrichtungen gleichzeitig durchgeführt, bei denen die Gefangenen zuschauen mussten. An diesem Galgen starb auch Rudolf Friemel.

zu halten. Und er erinnerte sich an das mit Rosen bestickte Hemd. Jetzt, als er unter dem Galgen stand, hatte er es wieder an.

»Es lebe der Widerstand! Es lebe Österreich!« waren Friemels letzte Worte, bevor sich die Schlinge um seinen Hals zuzog.

Kapitel 18

Freunde

Arbeiten in den Außenkommandos wie auf dem Bau, der Kiesgrube oder dem Straßenbau waren für die Häftlinge qualvoll. Zwölf Stunden am Tag mussten sie körperlich schwer arbeiten, das Essen war unzureichend, und dazu kamen noch die Stockschläge der Kapos. Und nach einem anstrengenden Arbeitstag mussten sie zurücklaufen ins Lager, zum Abendappell antreten, der für sie viel zu lange dauerte, weil sie einfach keine Kraft mehr hatten.

Täglich gab es Tote in diesen Kommandos, besonders unter den Häftlingen, die die schwere körperliche Arbeit nicht gewohnt waren.

Einmal war in einer Gruppe Gefangener, die zum Erkennungsdienst kamen, ein Mann dabei, den Wilhelm Brasse vom Sehen her kannte. Sie waren sich früher einige Male begegnet, und er wusste, dass er Lehrer war. ›Lehrer‹, dachte Brasse, ›das ist ein schöner Beruf, wenn man nicht gerade in Auschwitz ist.‹ Denn hier in Auschwitz wurden keine Lehrer gebraucht, sondern Facharbeiter. Lehrer steckte man einfach in irgendwelche Kommandos, in denen sie schwer arbeiten mussten.

Der Lehrer erkannte auch Brasse, und nachdem die Fotos

gemacht waren, fragte er unsicher: »Was wird mich hier erwarten?«

»Du darfst nicht sagen, dass du Lehrer bist«, sagte Brasse im Flüsterton, denn Bernhard Walter saß nebenan im Büro, und der durfte von diesem kurzen Gespräch nichts mitbekommen. »Sag ihnen lieber, du bist ein Handwerker, dann hast du bessere Chancen.«

»Aber ich bin doch keiner, und dann soll ich etwas tun, was ich nicht kann!«

»Viele müssen Dinge tun, die sie nicht können. Aber sie lernen es. Es wird besser sein, du stellst dich darauf ein, eine Arbeit zu tun, die du noch nicht kannst, die aber leicht ist und die du lernen kannst.«

»Aber was könnte das sein?«, fragte der Lehrer.

Brasse merkte, dass er das alleine nicht schaffen würde.

»Gib mir deine Lagernummer«, sagte er, »ich werde versuchen, etwas für dich zu finden!«

Noch am selben Tag ging er zu Otto Küsel. Küsel war zwar ein Kapo, aber Brasse hatte sich mit ihm angefreundet. Er unterschied sich deutlich von den anderen Kapos. Er brüllte nicht. Er schlug nicht. Er brachte niemanden um. Besonders mochte er polnische Häftlinge und lernte, vielleicht zum Zeichen der Freundschaft, ihre Sprache.

Otto Küsel hatte eine sehr wichtige Funktion in Auschwitz, die besonders die Häftlinge zu schätzen wussten. Er hatte ein Kommando, das andere Kommandos mit Fachkräften versorgte.

»Otto«, sagte Brasse, »ich habe da einen Mann getroffen,

den ich von früher kenne. Er ist ein netter Mensch, allerdings ist er Lehrer und für schwere körperliche Arbeit nicht zu gebrauchen. Kannst du ihn in ein Kommando vermitteln, in dem er eine Chance hat?«

»So so, Lehrer ist er«, spöttelte Küsel, aber dann lächelte er und nickte: »Ich werde für deinen Lehrer was finden, verlass dich drauf!«

Und er fand etwas. Er wurde dem Kommando »Ofenbauern« zugeteilt.

»Wie geht es ihm?«, fragte Brasse, als er Otto Küsel das nächste Mal traf.

»War der wirklich mal Lehrer?«, scherzte Küsel, »der macht eher den Eindruck, als hätte er nie etwas anderes gemacht als Schamottmörtel zu mischen. Auch die Ofenbauer mögen ihn sehr gern.«

Ein anderes Beispiel war das von Gustaw Baron. Dieser junge Mann war ein Freund von Brasses jüngerem Bruder. Sie kannten sich aus Żywiec, hatten oft zu Hause im Wohnzimmer gesessen und den ein oder anderen Wodka miteinander getrunken. Und jetzt trafen sie sich im Lager wieder. Gustaw wirkte hier sehr ängstlich, eingeschüchtert, ganz anders, als er ihn in Erinnerung hatte.

Auch seine Lagernummer schrieb sich Brasse auf, als Gustaw bei ihm im Erkennungsdienst war.

»Ich werde mir was überlegen«, versprach Brasse, »du bist doch Elektriker oder so etwas Ähnliches.«

»Kfz-Elektriker«, gab er kurz zurück.

Am Abend sprach er mit seinem Freund Rudolf Friemel über Gustaw.

»Ich werde ihn anfordern«, versprach Friemel, »Elektriker und gerade auch Kfz-Elektriker werden dringend benötigt.«

Schon am nächsten Tag wurde Gustaw Baron verlegt und konnte als Elektriker arbeiten, bis das Lager aufgelöst wurde.

Kapitel 19

Czesława Kwoka

Tagelang, ja wochenlang verfolgte Wilhelm Brasse der Anblick dieses Mädchens. Es gab viele Bilder, die ihn beschäftigten, sich in seine Gedanken einnisteten, aber das Bild dieses Mädchens ließ ihn nicht mehr los. Er wusste, dass er seinen Gefühlen für die Menschen, die er fotografieren musste, keinen freien Lauf lassen durfte. Das würde er nicht aushalten.

Am 13. Dezember 1942 wurde Czesława Kwoka zusammen mit ihrer Mutter ins Konzentrationslager Auschwitz-Birkenau eingeliefert. Sie stammten aus einem Dorf im Südosten von Polen.

Czesława wurde, wie auch die meisten anderen Häftlinge aus dem KZ Auschwitz-Birkenau, im Erkennungsdienst im Stammlager Auschwitz fotografiert. Eine Frau, ein weiblicher Kapo, brachte eine Gruppe von Mädchen und Frauen zum Fotoatelier. Nacheinander wurden sie mit ihren Nummern aufgerufen, um von Wilhelm Brasse fotografiert zu werden.

Czesława verstand nicht, was man ihr sagte, als sie mit ihrer Nummer aufgerufen wurde. Sie verstand die Sprache nicht, denn die Aufseherin sprach deutsch, Czesława nur polnisch. Als Czesława nicht reagierte, schlug ihr die Aufseherin mit einem Stock mitten ins Gesicht. Tränen mischten sich mit dem Blut, das aus ihren aufgesprungenen Lippen rann.

Wilhelm Brasse schaute sie an. Sie war so jung. Sie war so erschrocken. Sie wirkte so unschuldig.

Bevor er die Fotos machte, gab er Czesława die Gelegenheit, die Tränen im Gesicht zu trocknen und das Blut von den Lippen wegzuwischen.

Gerne hätte er mehr für sie getan, aber er konnte sich nicht einmischen. Diese Frau Kapo war sehr streng und er konnte sie nicht einschätzen. Eine falsche Bemerkung hätte er wahrscheinlich mit seinem Leben bezahlen müssen.

Der Stockschlag in Czesławas Gesicht kam ihm jedoch so vor, als sei er selbst getroffen worden.

Diese Fotos von Czesława Kwoka hat Wilhelm Brasse Mitte Dezember 1942 im Erkennungsdienst des Stammlagers Auschwitz aufgenommen.

Czesława Kwoka wurde am 12. März 1943 in Auschwitz-Birkenau ermordet, ihre Mutter einige Wochen zuvor.

Die tatsächliche Todesursache von Czesława Kwoka ist nicht bekannt. Eine natürliche Todesursache ist aber auszuschließen. Zur »Registrierung eines Abgangs«, wie es in der Lagersprache hieß, musste jedoch eine natürliche Todesursache angegeben werden.

Kapitel 20

SS-Porträts

Unter den SS-Mannschaften im Stammlager hatte sich herumgesprochen, dass Wilhelm Brasse ein guter Porträtfotograf war. Anfang 1942 rief ihn an einem Morgen sein Chef Bernhard Walter zu sich in sein Büro und fragte ihn, was er brauche, um gute Porträtaufnahmen von SS-Männern anfertigen zu können.

Brasse überlegte nicht lange. »Mit dem vorhandenen Objektiv kann ich solche Fotos machen«, erklärte er, »allerdings muss ich sie nachbearbeiten, retuschieren, weil die Kamera doch sehr scharf gezeichnete Bilder macht. Ich benötige, wenn Sie das besorgen könnten, ein Retuschierpult, einige Bleistifte der Stärke 3 H oder 4 H und einen weichen Retuschierpinsel.«

Bernhard Walter besorgte all diese Dinge in Kattowitz, und dann kamen sie, abends nach dem Abendappell. Wenn die anderen Häftlinge in ihre Unterkünfte gingen, legte Wilhelm Brasse eine Zusatzschicht ein. Er kannte sie fast alle, die zu ihm kamen, hatte von ihnen und ihren Gräueltaten gehört oder er hatte sie selbst schon einmal im Lager gesehen. Es war für ihn immer ein sehr zwiespältiges Gefühl, wenn er mit einem dieser SS-Männer redete. Sein Wissen über sie musste er für die Zeit, in der sie bei ihm im Fotoatelier waren, ausblenden und mit ihnen professionell wie mit Kunden umgehen.

»Bitte, nehmen Sie Platz«, gab er die Anweisung und, je nachdem welche Idee er für ein Motiv hatte, sagte er zu ihnen, »Schauen Sie bitte hierhin« oder »Schauen Sie dorthin« oder »Bitte geradeaus zu mir sehen«.

Anfangs waren die Bilder für die Lagerausweise gedacht. Nachweise, die die SS-Mannschaften brauchten, wenn sie das Lager verlassen mussten, um irgendwo einen Auftrag zu erledigen, oder einfach in die Stadt wollten, um sich zu vergnügen. Fotos in Passbildgröße. Später wollten sie, dass er die Fotos vergrößerte auf Postkartenformat – um sie als Grußkarten nach Hause an die Familien zu schicken.

Alle Fotos, die Brasse machte, wurden von seinem Kollegen Tadek Bródka in ein speziell dafür angelegtes Heft notiert, denn die Bilder mussten bezahlt werden.

Schon nach kurzer Zeit kamen immer mehr SS-Männer, die Fotos von sich haben wollten, und Brasse kam mit der Arbeit nicht mehr nach.

»Wir brauchen noch einen weiteren Berufsfotografen«, sagte er an einem Tag zu seinem Chef Walter, als er das Gefühl hatte, die Arbeit nicht mehr alleine bewältigen zu können, »einen, der sich aufs Retuschieren versteht.«

In der Hauptkanzlei des Lagers wurde ein Verzeichnis geführt, in dem neben den Namen, der Häftlingsnummer, dem Alter und dem Geburtsort auch der Beruf notiert war. Bei der Durchsicht dieser Kartei wurde Eugeniusz Dembeck gefunden, ein gelernter Fotograf aus Rawa Mazowiecka.

Aber auch Dembecks Unterstützung reichte nach einiger Zeit nicht mehr aus. Ein weiterer Mitarbeiter wurde benötigt.

Tadek Bródka nahm Brasse nach dem Abendappell zur Seite und sagte: »Wir brauchen doch noch jemanden, der uns hilft, und jetzt habe ich hier einen alten Bekannten aus Lemberg gesehen. Edward Josefsberg. Sein Vater hatte ein Fotogeschäft. Der könnte uns bestimmt bei der Arbeit unterstützen.« Bródka machte eine kleine Pause, dann sagte er leise und den Blick nach unten gerichtet: »Es gibt da nur ein kleines Problem. Der Mann ist Jude!«

»Willst du uns alle hier umbringen?«, fauchte Brasse ihn an. »Was meinst du, was mit uns passiert, wenn das rauskommt?«

Er war zornig, aber als er seinen Freund Bródka anschaute, gab er nach. »Besorg mir seine Nummer, ich werde mit Otto Küsel reden, mal sehen, ob sich was machen lässt.«

Mit Otto Küsel zu reden, war kein Problem. Er saß an einer Stelle, an der er vieles regeln konnte, so auch den Einsatz von Edward Josefsberg im Erkennungsdienst. Nur Bernhard Walter musste noch zustimmen.

Wilhelm Brasse wusste, was auf ihn zukommen würde. Er musste mit seinem Chef Walter reden, ihn von der Notwendigkeit eines weiteren Mitarbeiters überzeugen.

»Herr Chef«, sagte Brasse zwei Tage nach seinem Gespräch mit Bródka und knetete dabei seine Mütze, »wir haben sehr viele Retuschen zu machen, weil es eine große Zahl von Bestellungen für Porträtfotos gibt. Und jetzt bietet ein ausgebildeter Fotograf seine Dienste an.«

Bernhard Walter stimmte zu. Er bekam ja mit, wie viel Arbeit die Fotografen hatten.

Am darauffolgenden Tag trat Edward seinen Dienst im Fotoatelier an.

Brasse wurde noch angewiesen, für ihn frische Wäsche und einen sauberen Häftlingsanzug zu besorgen.

Als sie sich später im Waschraum trafen, in dem Brasse die frischen Sachen schon bereitgelegt hatte, sah er, nachdem Edward sich zum Duschen ausgezogen hatte, dass er beschnitten war. Edward wollte sich herausreden, er habe eine Phimose gehabt, aber Brasse schüttelte den Kopf.

»Das ist im Zweifelsfall keine Erklärung! Noch bevor du das Wort ausgesprochen hast, hast du eine Kugel im Kopf!«, fuhr er ihn an.

Was konnte er jetzt tun? Wie sollte er sich verhalten? Er musste nicht lange überlegen. Verrat wäre für ihn nicht infrage gekommen.

»In Zukunft musst du dich beim Duschen immer so zwischen uns verstecken, dass der Wachmann dich nicht sieht. Dann wird alles gut. Für mich bist du ein ganz normaler Kollege wie alle anderen. Es geht mich nichts an ob du beschnitten bist oder nicht.«

Josefsberg war kein guter Retuschierer, wie Brasse fand, deswegen wurde er überwiegend für die Anfertigung der Abzüge eingesetzt.

Die meisten SS-Männer waren mit ihren Bildern sehr zufrieden und brachten kleine Geschenke mit. Meist Zigaretten, die Brasse, da er Nichtraucher war, an seine Kollegen verteilte. Manche brachten auch Brot, Käse oder Wurst mit. Unter den Häftlingen war es selbstverständlich, dass all diese Dinge gleichmäßig unter ihnen aufgeteilt wurden. Brasse empfand es jedes Mal als ein sehr großes Glück, wenn es etwas zum Teilen gab.

Wirkliches Glück hatte er, als er SS-Unterscharführer Franz Schebeck** fotografieren musste. Schebeck, der Herr über das Lebensmittelmagazin aus den jüdischen Transporten war, fragte Brasse, ob er auch Vergrößerungen von Porträtaufnahmen seiner Familie machen könne.

»Gewiss,« sagte Brasse, »nur ...«

Schebeck hatte verstanden. Er entlohnte Brasse mit zwei Laiben Brot und zwei Würfeln Margarine.

Angespannt war die Situation im Erkennungsdienst immer dann, wenn hohe SS-Funktionäre aus dem Lager kamen, um sich fotografieren zu lassen.

An einem Tag kam der Leiter der politischen Abteilung, Maximilian Grabner. Er hatte sich vorher schon angekündigt und entsprechend nervös war Bernhard Walter. Er hatte immer panische Angst, wenn er Grabner sah oder sich mit ihm unterhalten musste. Nicht ohne Grund!

Maximilian Grabner war keiner, der sich durch Misshandlungen an Gefangenen selbst die Finger schmutzig machte. Er wurde vielmehr dafür gefürchtet, dass er willkürlich, ohne jegliche Gerichtsverhandlungen, Todesurteile verhängte und sie meist an der Todeswand zwischen Block 10 und 11 vollstrecken ließ. Oft wählte er die Todeskandidaten wahllos aus einer Häftlingskartei aus.

Am Beispiel der Hinrichtung von fünfundfünfzig Männern am 6. Juli 1942 wird seine Willkür deutlich. Aus einer Kartei suchte er zur Erschießung diesmal ausschließlich Schlesier aus, darunter auch den Bruder von Wilhelm Brasses Freund. Und ihr Schreiber im Erkennungsdienst, Roman Karwat, gehörte am Ende des Tages auch zu den Opfern. Sie alle mussten sich nacheinander an der Todeswand zwischen Block 10 und Block 11 aufstellen.

Einmal drohte er den Mitarbeitern des Erkennungsdienstes, sie alle an der Wand erschießen zu lassen, wenn auch nur ein einziges Foto das Gebäude unerlaubt verlassen würde.

Dieser Maximilian Grabner betrat nun den Erkennungsdienst, um sich fotografieren zu lassen. Bernhard Walter stand etwas abseits, blass und zitternd, während Wilhelm Brasse sich vorschriftsmäßig vor ihm aufbaute. Walter wusste nur zu genau, dass Grabner auch Untergebenen gegenüber sehr hart sein konnte. Wenn etwas nicht haargenau nach seinem Willen ging, wurden sie in ihrer Position abgelöst und kamen an die Front, oftmals mit gefährlichen Aufträgen.

»Häftling Nummer 3444 meldet sich zur Stelle!«, sagte Brasse. Und gleich darauf, schon ganz der Fotograf: »Bitte, Herr Untersturmführer, nehmen Sie Platz, damit ich Sie fotografieren kann.«

Bernhard Walter zitterte immer noch vor Angst, während Wilhelm Brasse sich mit diesem Mörder wie mit einem angesehenen Kunden unterhalten musste.

»Bitte, seien Sie doch nicht so nervös, entspannen Sie sich

doch. Denken Sie mal nicht ans Lager, denken Sie lieber an die Alpen«, sagte Brasse zu Grabner.

Brasse wusste, dass Grabner aus den Alpen stammte.

Und Grabner gehorchte. Er gehorchte dem Häftling 3444, tat alles, was er ihm sagte.

Bernhard Walter atmete sichtlich erleichtert auf, als Grabner den Raum verlassen hatte. Auch Brasse war erleichtert, aber auch zufrieden darüber, wie er mit Grabner umgegangen war und Grabner reagierte. Grabner, dieser Herr über Leben und Tod. Hier hatte er sich den Worten Brasses gefügt. Etwas schmunzeln musste der Fotograf, als ihm das bewusst wurde.

Wilhelm Brasse musste noch Hand anlegen und das Bild mit Bleistift und Pinsel retuschieren. ›Auf dem Foto sieht Grabner fast richtig menschlich aus‹, dachte er, als er sich das fertige Werk anschaute. Den scharfen Blick des Mörders, der im Lageralltag wahrzunehmen war, hatte er kunstvoll beseitigt. Grabner soll, so erfuhr der Fotograf später, mit dem Foto sehr zufrieden gewesen sein.

Auch SS-Hauptscharführer Gerhard Palitzsch gehörte zu seinen Kunden. Palitzsch, von dem er wusste, dass er als Erster die Einzelerschießungen von Häftlingen mit einem Kleinkalibergewehr an der Erschießungswand angewandt hatte. Er war es auch, der zusammen mit Karl Fritzsch im Stammlager die erste Massenvergasung mitorganisierte und später die Aufsicht über die Vergasung jüdischer Häftlinge hatte.

Wilhelm Boger**, SS-Oberscharführer, tauchte auch im

Erkennungsdienst auf, ließ sich fotografieren, ein Porträt in Postkartengröße, um es nach Hause zu schicken, ein Gruß an die Eltern. Boger, auch das wusste Brasse, war einer der schlimmsten Sadisten des Lagers. Wahllos ließ er Gefangene erschießen und entwickelte eine Verhörmethode, die im Stammlager unter dem Begriff »Boger-Schaukel« gefürchtet war und die Boger selbst scherzhaft gerne »Sprechmaschine« nannte. Diese sogenannte »Boger-Schaukel« bestand aus zwei senkrechten Pfosten mit einer Querstange. Die Häftlinge wurden kopfüber mit den Kniekehlen an der Stange aufgehängt. Die Hand- und Fußgelenke waren miteinander verknotet. In dieser wehrlosen Lage wurden die Gefangenen mit Stöcken oder Peitschen geschlagen. So wurden sie zu irgendwelchen Aussagen gezwungen. Viele Gefangene starben dabei.

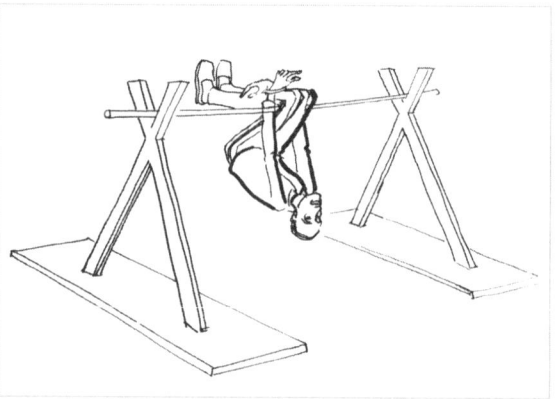

Boger-Schaukel – ein von dem SS-Mann Wilhelm Boger entwickeltes Foltergerät, das er auch gerne als seine »Sprechmaschine« bezeichnete. Häftlinge wurden in dieser Weise daran aufgehängt und geschlagen. Wenn Gefangene diese Tortur überlebten, waren sie übersät mit offenen Wunden und blauen Flecken.

Wenn Brasse mit seinen Kollegen mal alleine war, dann regte er sich über Boger auf.

»Diese Lagerbestie!«, schimpfte er dann, »den ganzen Tag über quält er Menschen, verprügelt sie, bringt sie um, und wenn er Feierabend hat, geht er nach Hause und spielt den braven Familienvater und treusorgenden Ehemann. Grauenvoll!«

Boger hatte seine Familie nach Auschwitz geholt und bewohnte dort, außerhalb des Lagers, ein kleines Einfamilienhaus.

Auch SS-Sturmbannführer Richard Baer, der letzte Kommandant des Lagers Auschwitz, wurde von Wilhelm Brasse fotografiert. Er verwendete für die Aufnahme eine sehr starke Lampe, um die scharfen Gesichtszüge Baers stärker zu betonen. Auch der Lagerführer, der für seine Strenge und Kompromisslosigkeit bekannt war, besonders wenn es um die Vollstreckung von Todesurteilen ging, fand lobende Worte für Brasse.

Josef Mengele** erkannte er nicht sofort, als er abends zu Fotoaufnahmen in den Erkennungsdienst kam. Als er später seine postkartengroßen Porträts abholte, führte er Brasse in das Büro seines Vorgesetzten Walter. Mengele sagte, Brasse sei ein sehr guter Fotograf, und er habe deswegen noch ganz besondere Fotoaufträge für ihn. Fotoaufträge, die für seine Forschung von großer Bedeutung seien. Noch ahnte Brasse nicht, was auf ihn zukam.

Kapitel 21

Stiefmütterchen

Bevor jedoch Josef Mengele die Fotografen des Erkennungsdienstes, insbesondere Wilhelm Brasse, mit seinen Spezialaufträgen konfrontierte, gab es für die Männer noch etwas anderes zu tun. Etwas, das nicht voraussehbar war, dafür aber eine angenehme Abwechslung in ihre Lagerarbeit brachte.

Eugeniusz Dembeck, einer der Fotografen im Erkennungsdienst, mochte Blumen. Blumen, fand er, seien nicht nur schön anzuschauen, sondern gerade auch im Lager eine wunderbar farbige Abwechslung zwischen all den Backsteingebäuden. Irgendwo trieb er tatsächlich ein paar Stiefmütterchen-Setzlinge auf und pflanzte sie unter den Fenstern von Block 26, dem Erkennungsdienst.

Einige Wochen später, im Frühsommer 1943, begannen die Blumen zu blühen. Den SS-Männern, die an diesen kleinen Blumenbeeten vorbeikamen, gefiel dieser Anblick und sie tolerierten, dass Häftlinge nicht nur die Blumen gepflanzt hatten, sondern sie auch pflegten.

Selbst Bruno Brodniewicz, der höchste Funktionshäftling im Stammlager, der die Häftlingsnummer 1 hatte und damit Lagerältester war, hatte nichts gegen die kleine Blumenpracht einzuwenden. Ansonsten galt Brodniewicz, der von den Häftlingen auch als »der Schwarze Tod« bezeichnet wurde, als brutal und gnadenlos, da er für die Ermordung vieler Häftlinge verantwortlich war. Er arbeitete eng mit der SS und ganz besonders mit dem Lagerleiter Rudolf Höß** zusammen und übertraf die SS-Männer nicht selten mit seinem Sadismus und seiner Grausamkeit. Auch er hatte nichts dagegen einzuwenden, dass unter den Fenstern des Erkennungsdienstes Stiefmütterchen blühten.

Wilhelm Brasse freute sich jeden Morgen und jeden Abend, wenn er an dieser kleinen blühenden Pracht vorbeikam. Fast strahlten diese Blumen so etwas wie Normalität aus. Ein Blumenbeet vor dem Haus. Blicke nach links und rechts zeichneten allerdings ein anderes Bild von der Realität.

An einem Morgen aber blieb Brasse vor den Blumen stehen, bückte sich, betrachtete sie von allen Seiten, pflückte einen kleinen Strauß und steckte ihn in eine Vase, die er im Fotoatelier aufstellte. Er freute sich über diese bunte Verschönerung und entschloss sich, ein Foto davon zu machen. Den Abzug in Postkartengröße entdeckte sein Chef Walter. Der schaute sich das Bild genau an, schmunzelte und sagte: »Mach davon hundert Stück.«

Die Blumenpostkarten wurden zu einem regelrechten Verkaufsschlager. SS-Männer aller Dienstgrade kauften sie und schickten sie als Blumengrüße nach Hause zu ihren Familien. Bernhard Walter bot sie in der SS-Kantine an und schon nach kurzer Zeit wurden dreihundert Karten nachbestellt. Allerdings wollte man jetzt keine Schwarz-Weiß-Bilder mehr, sondern Farbbilder. Der Versuch, die Aufnahmen mit Kreidefarben zu kolorieren scheiterte daran, dass die Farben leicht verwischten. Deshalb bat Wilhelm Brasse seinen Chef, Anilinfarben zu besorgen. Die damit gestalteten Fotos fanden einen noch größeren Absatz. Mehrere Tausend dieser Postkarten wurden im Erkennungsdienst hergestellt. Bernhard Walter war sehr zufrieden, weil seine Vorgesetzten zufrieden waren und weil sich der Postkartenverkauf als ein sehr profitables Geschäft entpuppte. Die SS-Männer bezahlten die Bilder nicht in der Lagerwährung, sondern in Reichsmark.

Aber nicht nur Bernhard Walter, sondern auch Wilhelm Brasse und seine Kollegen aus dem Erkennungsdienst hatten durch diese Arbeit ein paar materielle Vorteile. Walter gab ihnen öfter mal fünf Lagermark, von denen sie sich Zigaretten und Salzschnecken kauften. Zigaretten und Salzschnecken waren neben eingelegten Roten Beten die einzigen Dinge, die man in der Kantine kaufen konnte. Brasse fand, dass die Salzschnecken, wenn man sie gründlich abgewaschen hatte, eine willkommene Ergänzung zum Speiseplan des Lagers waren.

Kapitel 22

Dr. Josef Mengele

Zwei Wochen waren seit dem Fototermin mit Josef Mengele vergangen, als eine Gruppe von fünfzehn jüdischen Mädchen aus Birkenau zum Erkennungsdienst ins Stammlager kam. Die Mädchen wurden von einer Aufseherin, einem weiblichen Kapo, und zwei polnischen Krankenschwestern begleitet.

Eine der beiden jungen Polinnen, im Lager war sie nur unter ihrem falschen Namen Baska Stefanska bekannt, gefiel Wilhelm Brasse besonders gut und er verliebte sich in sie. Schon bei ihrem ersten Treffen. Als er merkte, dass auch Baska seine Gefühle erwiderte, sie ihm lange und tief in die Augen schaute, wenn sie sich unbeobachtet fühlte, bedauerte er, dass es im Lager keine Möglichkeit gab, eine solche Liebe auch zu leben. Trotzdem war es für ihn wie auch für Baska eine willkommene Abwechslung in ihrem Lagerdasein, wenn sie sich begegneten, miteinander redeten und sich nahe sein konnten.

Baska sprach sehr gut Deutsch, und das sowie ihre Ausbildung als Krankenschwester waren offensichtlich der Grund, warum sie bei Josef Mengele als Sekretärin arbeiten konnte.

Brasse sollte, so wurde er angewiesen, von den fünfzehn

Mädchen Fotos machen. In kleinen Gruppen mussten sie sich nackt vor der Kamera positionieren. Das erste Bild sollte von vorne, das zweite von hinten und das dritte von der Seite im Profil gemacht werden.

Die Mädchen schämten sich, sich vor dem Fotografen und seinem Chef ausziehen zu müssen. Aber auch für Brasse war es eine ungewohnte Situation; er war unsicher. Bislang hatte er noch keine Nacktaufnahmen gemacht. Und nun Kinder, junge Mädchen, die unter normalen Umständen im Begriff gewesen wären, Erwachsene zu werden. Eine kleine Erleichterung konnte er für sie erreichen. Im Fotoatelier gab es eine mobile Wand, die er ansonsten nur benutzte, wenn SS-Männer fotografiert werden mussten. Diese Wand stellte er jetzt so auf, dass die Mädchen sich dahinter ausziehen konnten.

Für die Aufnahmen bat er eine der beiden Krankenschwestern, die Mädchen so aufzustellen, dass er sie, trotz der für Gruppenaufnahmen unzureichenden und ungenügenden Beleuchtung, halbwegs gut fotografieren konnte. Er wollte ihnen auf keinen Fall zu nahe treten, sie berühren.

Für Brasse war es schon schwer zu ertragen, die traurigen Blicke der Mädchen zu sehen. Er ahnte, was mit ihnen geschehen würde. Und Baska bestätigte es ihm bei einem ihrer nächsten Besuche. Die Kinder wurden noch gemessen, gewogen, ihr Aussehen wurde beschrieben, und als man alles erfasst hatte, wurden sie in den Gaskammern in Birkenau ermordet.

Auch in den folgenden Wochen schickte Mengele immer neue Gruppen jüdischer Mädchen und junger Frauen zum

Fotografieren ins Stammlager. Mädchen, junge Frauen, die unter normalen Bedingungen auf Frisur, Kleidung und Figur achten würden. Kopf- und Schamhaare hatte man ihnen abrasiert, und sie mussten sich so, abgemagert und ausgemergelt, nackt vor der Kamera aufstellen.

Brasse schätzte, dass er in diesen Wochen mindestens zweihundertfünfzig Mädchen und junge Frauen nach diesen Vorgaben fotografieren musste. Zweihundertfünfzig Augenpaare, die ihn anschauten. Zweihundertfünfzig Augenpaare, in die er schauen musste. Zweihundertfünfzig Augenpaare, in denen er nichts als Angst lesen konnte. Zweihundertfünfzig Augenpaare, die es in wenigen Wochen nicht mehr geben würde.

Von seiner Freundin Baska Stefanska erfuhr Brasse von den »Rassenuntersuchungen« Mengeles. Rassenuntersuchungen – der Fotograf konnte sich wenig darunter vorstellen, mit welchen Untersuchungsmethoden man irgendwelche Rassen bei Menschen feststellen könne. Er hielt das für einen ziemlichen Blödsinn. Bei Hunden, bei Pferden, da konnte er sich so etwas vorstellen, nicht aber bei Menschen.

»Es sind vorwiegend Frauen«, erklärte ihm Baska, »Frauen, die er zuerst fotografieren lässt, dann müssen sie sich, nackt natürlich, auf die Waage stellen. Dabei kann man mit bloßem Auge doch schon sehen, dass sie bloß noch Haut und Knochen sind!«

Baska steigerte sich regelrecht in ihre Wut gegen Mengele hinein. Brasse hielt sie an, etwas leiser zu reden, damit man sie außerhalb des Raumes nicht hörte.

Baska nickte und fuhr fort: »Der weiß doch vorher schon, wen er da vor sich hat. Aber nein, er muss diese Menschen noch zusätzlich demütigen. In einer Liste vermerkt er Haar- und Augenfarbe, beäugt sie von oben bis unten, als müsse er eine Krankheit finden, dabei will er nur ihren Hauttyp feststellen. Als gäbe es da noch viel zu sehen!«

Baska hatte Tränen in den Augen.

»Er weiß doch vorher schon, dass sie in seinen Augen nicht seiner geliebten arischen Rasse angehören. Warum muss er sie noch so erniedrigen, bevor er sie ins Gas schickt?«

Nun liefen ihr Tränen über die Wangen und Brasse nahm sie in den Arm.

Dr. Mengele soll, so erfuhr Brasse, auch Operationen durchgeführt haben. Er hatte aber keine Anhaltspunkte darüber, welcher Art diese Operationen waren, er wollte es auch nicht wissen, weil das, was er als Fotograf von diesem Arzt mitbekam, ihm völlig reichte. Er brauchte keine zusätzlichen Grausamkeiten, davon war er ohnehin täglich umgeben.

Nachdem er die Fotos von den Mädchen gemacht hatte, schickte Mengele ihm einige Zeit später eine Gruppe von Kleinwüchsigen, die in Birkenau interniert waren. Auch sie musste er nackt in drei verschiedenen Positionen fotografieren. Einmal hatte er die Gelegenheit, mit dreien von ihnen zu reden. In dem Gespräch stellte sich heraus, dass sie Geschwister waren und die Kleinwüchsigkeit vererbt wurde. Zwei Schwestern und ein Bruder. Es waren die Geschwister Ovitz aus Budapest. Sie sprachen hervorragend Deutsch, und deswegen konnte der Fotograf sich auch mit ihnen so gut unterhalten. Sie waren alle drei musikalisch sehr begabt, eine von ihnen spielte Geige, die andere Gitarre und der Bruder hatte eine sehr schöne Singstimme. Ihren Lebensunterhalt verdienten sie sich mit Auftritten in Varietés.

Wenig später schickte Dr. Mengele Patienten aus dem »Zigeunerlager« Birkenau zum Erkennungsdienst, die an Wasserkrebs* litten.

Im Sommer 1943 brach im Zigeunerlager in Birkenau diese Krankheit aus, vor allem unter Kindern und Jugendlichen.

Dem Fotografen ließ Dr. Mengele ausrichten, er müsse keine Angst vor einer Ansteckung haben. Diese Krankheit sei nur für die dunkle Rasse, wie zum Beispiel Zigeuner, gefährlich, nicht aber für Weiße.

Brasse hatte so etwas bislang noch nie gesehen. Die Menschen, die zu ihm gebracht wurden, hatten offene Wunden im Gesicht, Haut- und Fleischfetzen hingen nach unten und hinter den offenen Stellen konnte er die weißen Kieferknochen sehen.

Wilhelm Brasse musste diese kranken Menschen fotografieren. Der Arzt wollte aber keine Porträtfotos, sondern präzise Aufnahmen der offenen Wunden. Später erfuhr er, dass der Arzt im Lager auch noch nach bildenden Künstlern Ausschau hielt und welche fand, die von den befallenen Stellen Zeichnungen anfertigen sollten.

Dr. Mengele führte auch Versuche durch, um, nach eigenen Angaben, diese Krankheit näher zu erforschen. So entnahm er kranken Kindern Absonderungen der Mundschleimhaut und injizierte sie gesunden Kindern, die daraufhin sehr schnell erkrankten und starben.

Brasse musste für Mengele Fotos machen. Fotos, die für die Menschen, die er ablichtete, sehr demütigend waren.

»Was hat der nur für verrückte Ideen im Kopf?«, schimpfte er einmal über den Arzt, als er wieder eine Fotoserie beendet hatte. Eineiige und zweieiige Zwillinge hatte er ihm geschickt.

Dann erfuhr er etwas, worüber er noch mehr den Kopf schüttelte. Baska hatte es ihm erzählt.

Dieser Dr. Mengele war einer, der mit großer Vorliebe Selektionen an der Rampe in Birkenau wahrnahm. Er postierte sich dort, in der Mitte auf dem Rampenplatz, und mit einer Bewegung seines Daumens nach rechts oder links entschied er über Leben und Tod der neu angekommenen Häftlinge. Die wenigsten aus jedem Transport durften noch etwas leben, bevor sie durch die schwere Arbeit starben oder sonst irgendwie umgebracht wurden. Den weitaus größten Teil der Menschen schickte er gleich ins Gas.

Bei dieser Arbeit soll er zuweilen gelächelt oder aber auch Opernarien gepfiffen haben. Das erfuhr Baska von einigen Häftlingen, mit denen sie sich, wenn ihr Chef nicht da war, unterhalten hatte.

Einmal kam ein Transport mit vielen Kindern aus Litauen in Birkenau an. Dr. Mengele hatte einen Rahmen in der Höhe von 1,40 Meter anfertigen lassen und ihn an der

Rampe aufgestellt. Die Kinder wies er an, hindurchzugehen. Alle diejenigen, die ohne anzustoßen den Rahmen passieren konnten, waren für die Gaskammern bestimmt und wurden noch am selben Tag ermordet.

Dieser Dr. Mengele, über den Wilhelm Brasse öfter nachdenken musste, als ihm lieb war, tauchte ab und zu im Erkennungsdienst auf und unterhielt sich mit dem Fotografen.

»Sie sind ein ganz hervorragender Fachmann auf Ihrem Gebiet«, sagte er zu ihm, »das konnte ich wahrlich nun schon einige Male anhand Ihrer Fotos feststellen.«

Dr. Mengele sprach ihn nie, wie es die anderen SS-Männer in der Regel taten, mit seiner Häftlingsnummer an. Er duzte ihn auch nicht. Er sagte immer »Herr Brasse« und »Sie«. Er wirkte auf den Fotografen stets höflich und freundlich, ein Mann mit guten Manieren. Aber auch ein Mann mit zwei Gesichtern, mitverantwortlich für den Massenmord an Hunderttausenden Juden.

Kapitel 23

Oberarzt Dr. Eduard Wirths

Dr. Eduard Wirths**, SS-Sturmbannführer, war als Garnisonsarzt des Lagers Auschwitz der Vorgesetzte aller Ärzte und des gesamten medizinischen Personals. An weiblichen jüdischen Häftlingen führte er, wenn bei ihnen eine Krebserkrankung diagnostiziert oder vermutet wurde, chirurgische Experimente durch. Für ihn ein wichtiges Versuchsfeld. Auch war er für Selektionen an der Rampe in Birkenau zuständig, wenn Transporte mit jüdischen Gefangenen ankamen. In vielen Fällen führte er die Selektionen selbst durch.

Er hatte aber auch noch ein weiteres »Forschungsgebiet«. Unter den weiblichen Häftlingen suchte er solche aus, die zwei verschiedene Augenfarben hatten, zum Beispiel das eine Auge grün, das zweite braun.

Auch dieser Arzt nahm die Dienste von Wilhelm Brasse in Anspruch. Er erteilte Brasse und einem Kollegen aus dem Erkennungsdienst einmal den Auftrag, im Frauenlager in Birkenau all jene Frauen mit den unterschiedlichen Augenfarben zu fotografieren, die er auf einer Liste notiert hatte. Nur die Augenpartie, ansonsten sollten die Fotos keine weiteren Details enthalten.

Wilhelm Brasse war unsicher, ob er den Auftrag mit dem

gewünschten Ergebnis würde ausführen können, denn er hatte nur eine Kamera mit einem Schwarz-Weiß-Film zur Verfügung.

Seine Vermutung bestätigte sich. Einige Tage später musste er erneut ins Frauenlager, um die Fotoaufnahmen zu wiederholen.

Der Fotograf war froh darüber, dass er danach keine weiteren Aufträge mehr dort durchführen musste. Er konnte es kaum ertragen, unter welchen Bedingungen die Frauen und Mädchen dort leben mussten.

Die Baracken waren überfüllt. Bis zu zehn Frauen mussten sich eine Schlafpritsche teilen. Sie konnten, wenn überhaupt, nur auf der Seite liegen, und wenn sich eine umdrehte, mussten sich alle anderen auch umdrehen. Oftmals waren auch die Bretter zu schwach und brachen unter der Last der vielen Personen durch. Einige Frauen, die auf der Pritsche darunter lagen, starben dabei.

Aber es gab auch Läuse, die sich ihrer bemächtigten, Läuse in einer Menge, die sie sich gegenseitig nicht mehr entfernen konnten. Und in jeder Baracke hingen Tafeln mit Warnhinweisen: Eine Laus – dein Tod!

Auch die sanitären Einrichtungen waren, gerade für die Vielzahl der Frauen und Mädchen, vollkommen unzureichend. Für ihre Notdurft gab es nur wenige primitive Latrinen, und wenn sie mal zum Duschen geführt wurden, was äußerst selten vorkam, mussten sie sich schon in der Baracke ausziehen und wurden dann, angetrieben von Wärterinnen, nackt und bei Wind und Wetter zu den entsprechenden

Duschräumen gebracht. Ihre Kleidung wurde dort in speziellen Behältern desinfiziert.

Vom Wachpersonal wurden sie ständig misshandelt. Gerade die Aufseherinnen waren, wie Wilhelm Brasse bei seinen kurzen Besuchen registrierte, oft brutaler als ihre männlichen Kollegen.

Verstärkt wurden die Frauen aber auch für medizinische und chirurgische Experimente benutzt, und Eduard Wirths war der Arzt, der von all diesen Dingen Kenntnis hatte, sie zum Teil anordnete oder selbst durchführte.

Einen dieser Versuche musste Wilhelm Brasse fotografisch dokumentieren.

Dr. Wirths führte die Arbeiten nicht selbst durch. Für solche Aufgaben hatte er meist einen Häftlingsarzt, den er damit beauftragte. In diesem Fall war es der jüdische Arzt Dr. Maximilian Samuel. Brasse kannte ihn und wusste, dass er früher Professor für Gynäkologie in Köln war. Dr. Wirths erteilte präzise Anweisungen, Dr. Samuel musste sie ausführen. Er war es auch, der Brasse sagte, was er fotografieren solle. Es war Anfang 1944, als die erste Gruppe von fünf jüdischen Mädchen und jungen Frauen, die alle aus Griechenland stammten, zum Erkennungsdienst kamen. Begleitet wurden sie von zwei polnischen Krankenschwestern, die einen Gynäkologenstuhl mitbrachten.

»Sobald ich die Frau narkotisiert habe«, bekam Brasse die erste Anweisung von Dr. Samuel, »kannst du dich mit deiner Kamera neben mich stellen. Ich werde der Frau die Gebärmutter entnehmen und du wirst sie fotografieren.«

Brasse glaubte seinen Ohren nicht zu trauen. Was hatte dieser Arzt da gerade gesagt?

Aber Zeit zum Nachdenken blieb ihm nicht, denn nur wenig später wurde er angeherrscht: »Bist du so weit?«

Brasse nickte, und dann musste er all das fotografieren, was der Arzt ihm auftrug. Er machte das rein mechanisch. Erst als er später alleine war, merkte er, dass er Schweißperlen auf der Stirn hatte. Was hatte er da eben gemacht? War das die Realität oder ein Albtraum?

Die später entwickelten Bilder zeigten ihm, dass es die Wirklichkeit war.

Die ersten Fotos machte er in Schwarz-Weiß, später, weil die Ärzte es so wollten, besorgte Bernhard Walter in Kattowitz Filme für Farbaufnahmen.

Von dreißig Frauen musste Wilhelm Brasse auf diese Art die Gebärmütter fotografieren. Später erfuhr er, dass die Frauen nach diesen Eingriffen ermordet worden waren.

Experimente an Gefangenen führten Dr. Wirths und andere Mediziner in Auschwitz auch gegen Honorar und im Auftrag der Arzneimittelfirma Bayer durch. An Flecktyphus- und Tuberkulose-Erkrankten probierten sie neue, noch nicht zugelassene Medikamente aus und infizierten gezielt Frauen mit Krankheitserregern, um an ihnen die Wirkung neuer Medikamente zu testen.

Kapitel 24

Dr. Carl Clauberg

Zweimal in der Woche sah Wilhelm Brasse ihn durch das Fenster des Erkennungsdienstes, wenn er auf dem Weg zu Block 10 oder Block 28 war. Dr. Carl Clauberg** war unverwechselbar, er trug keine Uniform wie seine Kollegen, er erschien immer in Anzug und Krawatte.

Dr. Clauberg kam Ende 1942 nach Auschwitz, und ihm wurde, damit er seine Arbeit im medizinischen Bereich sorgfältig durchführen konnte, im April 1943 Block 10 als Wirkungsstätte zugeteilt. Dr. Claubergs Spezialgebiet war die Sterilisation von Frauen. Der Arzt wandte sich schon am 30. Mai 1942 an Reichsführer SS Heinrich Himmler und bat ihn um Unterstützung sowie die Anschaffung und die Bereitstellung der notwendigen Einrichtungen, um im Konzentrationslager Auschwitz Sterilisationsexperimente an weiblichen jüdischen Häftlingen durchführen zu können.

Die SS-Führung ging davon aus, dass von den rund zehn Millionen europäischen Juden, die man laut Beschluss der Wannseekonferenz* vernichten wollte, mindestens zwei bis drei Millionen Männer und Frauen dabei waren, die man gut als arbeitsfähig einstufen konnte. Deshalb gewährte man

Claubergs Ansinnen »im Interesse der Erhaltung von Arbeitsmaterial«.

Dr. Clauberg suchte sich für seine Experimente Frauen im Alter zwischen zwanzig und dreißig Jahren aus. Sie sollten alle schon mindestens ein Kind zur Welt gebracht haben, damit von medizinischer Seite aus keine Zweifel an der Fruchtbarkeit der Frauen bestanden.

Diesen Frauen spritzte er eine ätzende Flüssigkeit in den Gebärmutterhals. Die Versuche waren für die Frauen derart qualvoll, dass viele von ihnen auf Anweisung des Arztes in der Gaskammer »erlöst« wurden. Andere starben schon vorher oder gingen in den Draht.

Einer Patientin, der er gerade ohne jegliche Betäubung eine Injektionsnadel in die Gebärmutter eingeführt hatte und sie vor Schmerzen schrie, dass es nicht nur im ganzen Block, sondern auch draußen zu hören war, befahl er, sofort still zu sein, sonst käme sie in die Gaskammer.

Dr. Claubergs Ziel war es, durch die Massensterilisation von Frauen deren Arbeitskraft »für den Aufbau des Deutschen Reiches« zu erhalten, ohne dass sie sich fortpflanzen konnten und damit als Arbeitskraft erst einmal ausfallen würden. Er wollte mit seinen Versuchen ein Verfahren entwickeln, das es ermöglichte, dass die Betroffenen selbst von ihrer Sterilisation nichts mitbekamen. Ein Präparat, so war die Vorstellung, sollte den Lebensmitteln beigemischt werden und so zur Sterilität führen.

Auch Dr. Carl Clauberg, klein, untersetzt, kurzsichtig, erschien an einem Abend im Erkennungsdienst, um sich fotografieren zu lassen. Er war gesprächig wie die anderen SS-Männer, und Wilhelm Brasse, ganz der Berufsfotograf, konnte dem Arzt, als er auf dem Stuhl saß, ein leichtes Schmunzeln abringen.

Kapitel 25

Professor Dr. Johann Paul Kremer

Dr. Kremer war Professor für Anatomie an der Universität Münster. Er kam 1942 nach Auschwitz, um hier seine Forschungsarbeiten zum Thema »Hunger« zu intensivieren. Er erhoffte sich, wie er in seinem Tagebuch festhielt, in Auschwitz »lebendfrisches Material« wie innere Organe, die er für seine Forschungen brauchte, in ausreichender Anzahl vorzufinden. Dazu suchte er sich Muselmänner* aus, Männer und Frauen, die schon seit längerer Zeit an Hunger litten und sowohl körperlich als auch seelisch geschwächt waren.

Menschen wurden aber auch, nachdem Kremers Forschungsinhalte bekannt wurden, gezielt dafür vorbereitet, ihm nach einer gewissen Zeit zur Verfügung zu stehen. Man entzog ihnen jegliche Nahrung, und, als sie schwach und ausgemergelt waren, wurden sie getötet und von Dr. Kremer seziert. Die Tötungen erfolgten in aller Regel durch Injektionen von Phenol in die Herzgegend.

An einem Tag im Oktober 1942 kam er zusammen mit fünf jungen Juden zum Fotografieren in den Erkennungsdienst. Brasse erschrak, als er die fünf abgemagerten Männer sah, die nur noch aus Haut und Knochen bestanden. Sie glichen mehr den Toten, die er in seiner Zeit als Leichenträger aus dem Keller des Krankenbaus holen musste als irgendwelchen lebendigen Menschen.

Nachdem Wilhelm Brasse Aufnahmen von ihnen gemacht hatte, ermordete der Professor diese fünf Männer vor den Augen des Fotografen mit einer Spritze. Anschließend ließ er polnische Ärzte rufen, die die Leichen sezieren sollten. Dafür wurden sie in Block 28, den Häftlingskrankenbau, gebracht, in dem alle notwendigen Utensilien für deren Arbeit vorhanden waren. Es gab zwar eine Vorschrift im Lager, dass Obduktionen erst einige Stunden nach dem Eintritt des Todes durchgeführt werden durften, aber darüber setzte sich der Professor hinweg. Ihn interessierte mehr, wie die Leber und andere innere Organe bei völlig ausgehungerten Menschen aussahen als irgendwelche Anweisungen. Gelegentlich ließ er die so gewonnenen Organe auch in Alkohol konservieren.

Dr. Kremer beaufsichtigte auch regelmäßig Vergasungen von Häftlingen in Birkenau, nachdem er sie vorher entweder von den eingegangenen Transporten oder im Häftlingskrankenbau selektiert hatte. Über eine Vergasung, für die er über achthundert kranke Jüdinnen ausgesucht hatte, sagte er: »Als ich in die Nähe des Bunkers kam, saßen sie (die Frauen, Anm. d. Autors) angekleidet auf der Erde. Da sie in abgetragener Lagerkleidung waren, wurden sie nicht in die Ausziehbaracke gelassen, sondern sie zogen sich im Freien aus. Aus dem Benehmen dieser Frauen schloss ich, dass sie sich darüber klar waren, welches Schicksal sie erwartete, da sie bei den SS-Männern um ihr Leben flehten und weinten; jedoch wurden alle in die Gaskammer gejagt und vergast.«

(Zitat nach Kalendarium der Ereignisse im Konzentrationslager Auschwitz–Birkenau 1939–1945, S. 295)

Professor Dr. Paul Johann Kremer, SS-Obersturmführer, ehemals Dozent an der Universität Münster, Doktor der Medizin und der Philosophie, Lagerarzt in Auschwitz und Hungerforscher. Dieser Dr. Kremer führte regelmäßig über Dienstliches und Außerdienstliches Tagebuch.

Eintrag vom 10. Oktober 1942: »Lebendfrisches Material von Leber, Milz und Pankreas entnommen und fixiert.«

Eintrag vom 11. Oktober 1942: »Heute gab es zu Mittag Hasenbraten – eine ganz dicke Keule – mit Mehlklößen und Rotkohl.«

Kapitel 26

»Blüten«

An dem Projekt, das später einmal unter dem Begriff »Operation Bernhard« Furore machen sollte, war Wilhelm Brasse auch beteiligt, allerdings in einer Anfangsphase, in der das Ausmaß noch nicht absehbar war.

Die Operation Bernhard galt und gilt bis heute als eine der perfektesten Fälschungsaktionen in der Geschichte. In großem Umfang wurden englische Pfundnoten von eigens dafür ausgesuchten Häftlingen aus Konzentrationslagern, besonders aus dem in Sachsenhausen, gefälscht. Auch nach dem Krieg war noch eine große Menge dieser gefälschten Noten in England im Umlauf.

Wilhelm Brasse wusste die Bedeutung verschiedener Vorgänge im Erkennungsdienst zunächst nicht richtig zu deuten. Sein Chef Bernhard Walter brachte ein Epidiaskop ins Atelier; er teilte sowohl Brasse als auch seinem Kollegen Myszkowski mit, dass ein jüdischer Zeichner bald mit im Kommando arbeiten werde, der nicht gestört werden dürfe. ›Ein jüdischer Zeichner?‹ wunderte sich Brasse, wo sein Chef doch oft genug seine Abneigung gegenüber Juden deutlich gemacht hatte. Wenn Bernhard Walter einen Juden in seinem Kommando arbeiten ließ, dann musste er

Fähigkeiten besitzen, die für ein sehr bedeutendes Projekt genutzt werden sollten.

Wenige Tage später kam der jüdische Häftling, ein Tscheche, der von Beruf Maler und Grafiker war, zum Erkennungsdienst. Leo Haas hieß er, und seine Aufgabe bestand darin, von Ein-Dollar-Noten, die Brasse vorher vergrößert hatte, Zeichnungen anzufertigen.

Leo Haas war ein Meister auf seinem Gebiet, und in Zusammenarbeit mit Wilhelm Brasse, dessen Aufgabe es war, Vergrößerungen und Reproduktionen sowohl von dem Geldschein als auch von Haas' Zeichnungen herzustellen, schafften sie es, einen Ein-Dollar-Schein originalgetreu zu reproduzieren. Die Druckplatten für den Druck der »Blüten« wurden in der lagereigenen Druckerei hergestellt, und so konnten die Dollarnoten auf spezielles Papier, das von Bernhard Walter besorgt wurde und das mit dem Originalpapier fast identisch war, gedruckt werden.

Wilhelm Brasse bekam eine der ersten gefälschten Geldnoten zu sehen und war von der Qualität beeindruckt. Aber seine Aufgabe war damit noch nicht beendet. Mit dem Epidiaskop, einem speziellen Gerät, das sonst nur von der Polizei für bestimmte Zwecke benutzt wurde, mussten Original und Fälschung miteinander verglichen werden.

Bernhard Walter und Wilhelm Brasse waren, nachdem sie nun auch alle Details miteinander verglichen hatten, der Meinung, dass die Geldnoten vollkommen identisch seien.

Dass mit diesen Druckplatten später Dollarscheine hergestellt wurden, hat Wilhelm Brasse noch erfahren. Allerdings wusste er nicht, was mit diesen Blüten passierte. Grundlage für weitere Fälschungen in größerem Umfang waren aber diese Arbeitsschritte des Erkennungsdienstes.

Zwei Wochen, nachdem sie ihre Arbeiten abgeschlossen hatten, wurde Leo Haas in das Konzentrationslager Sachsenhausen verlegt. Dort sollte er sich mit der Fälschung von britischen Pfundnoten beschäftigen.

Kapitel 27

Bródkas Liebe

An einem Abend, Wilhelm Brasse war gerade dabei, einen SS-Mann zu fotografieren, betrat eine junge Frau das Atelier. Brasse sprach sie an: »Bitte schön, was wünschen Sie?«

Die junge Frau schaute ihn an und antwortete in perfektem Polnisch: »Ich möchte gerne Ihren Kollegen sprechen, den, der dort vorne sitzt und schreibt.«

Dieser Kollege war Tadek Bródka. Brasse holte ihn, und sofort begannen die beiden wie gute Bekannte oder Freunde miteinander zu reden. Sie unterhielten sich auf Polnisch, und so konnte Brasse ihr Gespräch mitverfolgen, denn die beiden gaben sich keine Mühe, etwas zu verheimlichen.

Brasse verstand, dass sie sich wenige Tage vor Kriegsausbruch in der Nähe der Stadt Bielsko begegnet waren. Sie ging dort auf eine deutsche Schule und Bródka war zu einem Ausflug in die Beskiden unterwegs. Schon bei dieser ersten Begegnung musste der Funke übergesprungen sein, aber sie sollten sich erst wieder in Auschwitz sehen. Bródka als Häftling und die junge Frau als Telefonistin im Dienst der SS.

Ihre Liebe flammte unter den erschwerten Bedingungen neu auf. Sie trafen sich, so oft sie die Gelegenheit dazu hatten. Manchmal im Gebäude des Erkennungsdienstes, manchmal aber auch im Gebäude der Telefonzentrale. Neben ihrer Liebe, die Bródka sichtlich gut tat, kam noch etwas hinzu. Sie hatte die Möglichkeit, Bródkas Eltern in Posen zu besuchen, und so kam ein unzensierter Briefkontakt zwischen den Eltern und dem Gefangenen in Auschwitz zustande.

Mehrere Monate dauerte ihre Liebe an, bis die junge Frau, deren Name Wilhelm Brasse nie erfuhr, von einem auf den anderen Tag verschwand. Sie hatte die Arbeit in der Telefonzentrale für die SS ohne Vorankündigung einfach aufgegeben.

Die politische Abteilung nahm die Ermittlungen auf und schon nach kurzer Zeit stellten sie eine Verbindung zwischen der Frau und Bródka her.

Er wurde verhaftet und von SS-Oberscharführer Wilhelm Boger verhört. Wilhelm Brasse und auch sein Chef Bernhard Walter kannten Bogers Verhörmethoden, hatten von der berüchtigten Boger-Schaukel gehört und wussten, dass viele Gefangene bei solchen Verhören ums Leben kamen.

Bernhard Walter schätzte Bródka als einen sehr zuverlässigen Mitarbeiter im Erkennungsdienst und intervenierte gegen seine Festnahme. Mit Erfolg.

Erfolglos blieb er aber, als Bródka im September 1944 auf einen Gefangenentransport geschickt wurde. Er sollte in ein anderes Lager verlegt werden. Bernhard Walter sprach mit der Lagerleitung, sprach mit ihm, wollte ihn überreden, dazubleiben, aber Bródka wollte Auschwitz lieber verlassen.

Für Wilhelm Brasse war es ein schmerzlicher Verlust. Bródka war nicht nur ein guter Kollege, sie hatten sich auch in ihrer gemeinsamen Zeit im Erkennungsdienst angefreundet.

Kapitel 28

Widerstandskämpfer Pilecki

Witold Pilecki, Rittmeister der Polnischen Armee, war gleichzeitig auch Mitbegründer der Geheimen Polnischen Armee*. Pilecki hatte die Idee, sich ins Konzentrationslager Auschwitz einschleusen zu lassen, um von innen heraus einen Widerstand der Insassen zu organisieren. Man wusste in den ersten Monaten des Jahres 1940 noch recht wenig über das Lager, man hielt es für ein Internierungslager oder ein größeres Gefängnis, nicht aber für ein Vernichtungslager. Seinen Vorgesetzten, Mitgliedern der Geheimen Polnischen Armee, erläuterte er seinen Plan, in dem er auch auf alle Risiken einging – selbst seinen Tod hatte er mit einkalkuliert. Man unterstützte seine Idee bei allen persönlichen Risiken und besorgte Pilecki einen gefälschten Pass auf den Namen Tomasz Serafinski.

Am 19. September 1940 ließ er sich in Warschau ohne Widerstand auf offener Straße verhaften. Zweitausend weitere Zivilisten wurden zur gleichen Zeit in der Stadt von Deutschen festgenommen. Zwei Tage lang wurden die Verhafteten in einer Baracke der Wehrmacht gefoltert. Die Überlebenden kamen anschließend nach Auschwitz. Witold Pilecki alias Tomasz Serafinski wurde die Häftlingsnummer 4859 auf den Unterarm tätowiert.

Witold Pilecki, links als Rittmeister der Polnischen Armee, rechts als Gefangener in Auschwitz.

Nacheinander wurde er verschiedenen Arbeitskommandos zugeteilt. Im Untergrund organisierte er währenddessen die »Vereinigung militärischer Organisationen«, deren Ziel es war, die Häftlinge mit Nachrichten von außen zu versorgen, zusätzliche Nahrung und Kleidung zu beschaffen und Nachrichtennetzwerke einzurichten.

Bereits im Oktober 1940 schickte die Bewegung erste Berichte über das Lager nach Warschau und ab März 1941 wurden diese Berichte auch an die britische Regierung in London weitergeleitet. So wurden die Berichte zu einer wichtigen Informationsquelle für die westlichen Alliierten. Pileckis Hoffnungen, die Alliierten mögen Waffen über dem Lager abwerfen oder es zumindest mit Truppen gezielt angreifen, gingen nicht in Erfüllung.

Im Inneren des Lagers dagegen war Pilecki mit seiner Arbeit erfolgreich. Die Zahl der Mitglieder stieg an und sie konnten wichtige Schlüsselpositionen in der Lagerverwaltung, in Lagerhallen und im Sonderkommando besetzen.

Als Pilecki merkte, dass all seine Bemühungen bei den Alliierten ins Leere liefen, entschied er sich wenige Monate später zur Flucht aus dem Lager. Er kannte die Risiken, wollte es aber trotzdem wagen. Er hatte den Plan, die Anführer seiner Heimatarmee persönlich von der Rettung der Gefangenen in Auschwitz zu überzeugen.

Monate vor seiner Flucht lernte Wilhelm Brasse ihn kennen. Pilecki brachte einige neu angekommenen Häftlinge zum Erkennungsdienst. Aber erst bei weiteren Treffen dort hatte er die Gelegenheit, sich mit ihm zu unterhalten. Brasse war neugierig auf diesen Mann geworden, weil er sich den Häftlingen gegenüber immer sehr korrekt verhalten hatte. Und weil er immer so sachlich redete, mehr in einem dienstlichen als in einem ungezwungenen Ton, fragte er ihn nach seinem Beruf und wo und wann er verhaftet wurde. Dass er aus Warschau kam, hatte Brasse schon vermutet, als er die Häftlingsnummer auf seinem Arm sah. Er hatte eine Gruppe von Häftlingen mit ähnlich hohen Nummern fotografiert. Und die kurze knappe, stets sachliche Sprache erklärte er sich mit dem Beruf. Pilecki sagte ihm, er sei Berufssoldat und habe auch nie einen anderen Beruf gehabt.

Witold Pilecki, dieser Name hatte sich Brasse tief eingeprägt. Nicht nur, weil er das alles auf sich genommen hatte, sondern gerade auch deswegen, weil er durch die Widerstandsbewegung im Lager etwas ändern wollte. Brasse wusste davon und hatte sich deswegen dieser Gruppe nicht angeschlossen. Er war dafür zu wenig militärisch eingestellt, aber er hatte großen Respekt vor deren Arbeit. Er wusste, dass Widerstandsaktionen sehr gefährlich sein konnten und, wenn sie ans Licht kamen, meist den Tod aller Beteiligten bedeuteten.

Pilecki hatte sich zur Flucht entschieden. Er merkte, dass er von innen heraus nicht genug ausrichten konnte. Aber er und zwei weitere Kameraden wollten nicht einfach nur aus dem Lager abhauen, um sich außerhalb irgendwo zu verkriechen. Sie verbanden mit der Flucht den inneren Auftrag, zunächst die Heimatarmee und dann auch die Alliierten über das Konzentrationslager Auschwitz detailliert zu informieren. Sollten sie von den Deutschen erwischt werden, auch das gehörte zu ihrem Plan, würden sie Zyanid schlucken, damit man keine Informationen aus ihnen herauspressen konnte.

In der Nacht vom 26. auf den 27. April 1943 hatte Pilecki Nachtschicht in der Lagerbäckerei, die außerhalb des Zaunes lag. Die drei Männer überwältigten die Wache, durchtrennten die Telefonleitung und flohen mit Dokumenten, die sie in den Tagen zuvor den Deutschen gestohlen hatten. Die Flucht gelang ihnen mit Hilfe der örtlichen Bevölkerung und sie konnten Kontakt zu Einheiten der Heimatarmee aufnehmen.

Pilecki schrieb einen umfassenden Bericht über das Lager und informierte so abermals die britische Regierung. Wieder erhoffte er sich eine Reaktion – wieder wurde seine Hoffnung enttäuscht.

Die Flucht Pileckis und seiner beiden Kameraden ging in die Lagergeschichte ein.

Kapitel 29

Auschwitz-Alben

»Was sind das für Fotos? Wer hat sie gemacht?« Sein Chef Bernhard Walter mit seinem Vertreter Ernst Hofmann?

Wilhelm Brasse wunderte sich nicht, als er von seinem Vorgesetzten den Auftrag bekam, eine größere Anzahl von Filmen zu entwickeln und Abzüge zu machen. Ähnliche Aufträge hatte er schon öfter bekommen. Der SS-Mann Walter war häufig mit dem Fotoapparat unterwegs. Einmal hatte er sogar die Ermordung russischer Kriegsgefangener in Bildern dokumentiert. Brasse versuchte, die Erinnerungen daran zu unterdrücken. Sie waren zu grausam, kaum auszuhalten.

Was war es nun, das nicht nur ihn, sondern auch seinen Stellvertreter Ernst Hofmann nach Birkenau fahren ließ? Auf eine Antwort musste er nicht lange warten. Entsetzt schaute er sich die Fotos an, die er nach und nach zum Trocknen an eine Leine hängte.

Offiziell war das Fotografieren in Auschwitz streng verboten. Es sollten keine Beweise – für wen auch immer – über das, was hier geschah, hinterlassen werden. Das war eine klare Vorgabe der SS-Lagerleitung und sicher auch von vorgesetzten Stellen. Doch Bernhard Walter und Ernst Hofmann hielten sich nicht immer an die Vorschriften. Zwar

Gerade auf der Rampe in Auschwitz-Birkenau angekommen, müssen die Menschen sich vor dem Zug versammeln. Dies sind die letzten Augenblicke, in denen die Familien noch zusammen sind.

mussten sie gelegentlich auch außerhalb der Räume des Erkennungsdienstes Aufnahmen machen, doch gab es hierfür klare Vorschriften, was fotografiert werden durfte. Selbstmorde von Häftlingen gehörten dazu.

Brasse vermutete, als er die Bilder sah, dass die beiden mit Fotoapparaten in Auschwitz-Birkenau waren. Aber warum? Hatten sie einen Auftrag dazu? Wenn ja, von wem kam er? Vom Lagerleiter Rudolf Höss? Oder kam der Befehl von einer noch höheren Stelle? Wollte man mit dieser Bilddokumentation beweisen, wie effektiv in Auschwitz gearbeitet wurde?

Doch diese Fragen beschäftigten ihn nur am Rande, zu sehr war er gefesselt und gleichzeitig entsetzt von den Fotos, die er nach und nach entwickeln musste.

Es waren sehr professionelle Aufnahmen. Außer Bernhard Walter und Ernst Hofmann kannte er niemanden, der hier im Lager solche Fotos machen konnte. Ausgenommen die Häftlinge aus dem Fotoatelier, aber die hätte man mit einem solchen Auftrag nie betraut.

Die ersten Bilder zeigten die Rampe in Birkenau. Zwei Züge standen auf den Gleisen, dazwischen einige SS-Männer. Auf den nächsten Fotos sah Brasse, wie die Juden, denn es handelte sich offensichtlich um einen Judentransport, aus den Waggons kletterten. Unsicherheit und Angst war in ihren Gesichtern abzulesen. Ihre Koffer und all das, was sie mitgebracht hatten, mussten sie an der Rampe zurücklassen. Berge von Gepäck waren zu sehen. Diese Fotos wurden vom Dach eines Waggons gemacht.

Auf den nächsten Fotos bewegte sich der Fotograf offensichtlich mitten unter den Angekommenen. Diese Bilder entstanden auf Augenhöhe, wie der gelernte Fotograf Wilhelm Brasse schnell erkannte. Männer, Frauen, Kinder, alte Menschen, kranke Menschen, Menschen mit Behinderungen, Mütter mit ihren Säuglingen, all das war gut zu erkennen. Neben der Angst spiegelte sich in vielen Gesichtern auch die Ahnungslosigkeit, was nun mit ihnen passieren würde.

Die nächsten Bilder zeigten die Trennung von Männern und Frauen, danach die Selektion von noch arbeitsfähigen Menschen und solchen, die in den Augen der SS für Arbeiten nicht einsatzfähig waren. Neben Alten und Kranken gehörten dazu auch Mütter mit ihren Kindern. Auch Säuglinge waren dabei.

Menschen in einem schier endlos langen Pulk auf dem Weg zu den Gaskammern und Krematorien. Und mittendrin der Fotograf. Alles sollte festgehalten werden. Das war scheinbar sein Vorsatz.

Weil es sich offensichtlich um eine große Anzahl von Neuankömmlingen handelte, diente ihnen das nahe gelegene Birkenwäldchen als ein Ort des Wartens. Niemand ahnte, dass dies das Wartezimmer zum Tod war. Und mittendrin wieder der Fotograf, der die letzten Bilder im Leben dieser Menschen machte.

Andere Bilder zeigten die noch arbeitsfähigen Menschen, Männer und Frauen, geschlechtergetrennt und aufgestellt in Fünferreihen, kahlgeschoren und in Häftlingskleidung.

Mütter mit ihren Kindern müssen noch in dem kleinen

Diese Menschen befinden sich auf dem letzten Weg ihres Lebens, werden in Richtung Gaskammern und Krematorien geführt.

Mütter mit Kindern, Großeltern mit Enkelkindern müssen in diesem Birkenwäldchen eine Zwangspause einlegen. Die Gaskammern und Krematorien sind überfüllt. Sie werden aber die Nächsten sein, die man dorthin führt und ihnen erzählt, sie könnten jetzt duschen. Dies ist das letzte Bild aus dem Leben dieser Menschen.

Birkenwäldchen warten, bevor sie zu den nahe gelegenen Gaskammern geführt werden.

Alle Fotos wurden im Fotoatelier in einer bestimmten Reihenfolge zusammengestellt. Die Fotoserie dokumentierte den Ablauf des Gefangenentransportes von der Ankunft auf der Rampe bis hin zu den Gaskammern und Krematorien.

Die Bilder wurden in Alben geklebt. Einer der Häftlinge aus dem Erkennungsdienst, Tadzio Myszkowski, hatte eine besonders schöne Handschrift. Er musste, nach den Vorgaben von einem SS-Mann, den Bildern Untertitel geben.

Nach der Anzahl der Fotos schätzte Brasse, dass auf diese Weise fünfzehn Fotoalben entstanden sind. Fünfzehn Auschwitz-Alben*.

Ein Bild erschreckte ihn ganz besonders und grub sich tief

Auschwitz-Alben

Karl Höcker (Mitte) mit SS-Helferinnen. Das Foto wurde am Rückzugsort für das SS-Personal, der Sola-Hütte, aufgenommen. Es stammt aus der Zeit im Sommer 1944, als gleichzeitig Hunderttausende Juden aus Ungarn in Auschwitz-Birkenau ermordet wurden. Auch diese Männer und Frauen waren direkt oder indirekt an der Ermordung dieser Menschen beteiligt.

in seinem Gedächtnis ein. Er war sicher, dass sein Vorgesetzter Ernst Hofmann dieses Foto gemacht hatte. Es zeigte eine Frau beim Betreten der Gaskammer. Brasse vermutete, dass sie irgendetwas Furchtbares gesehen haben muss. Vielleicht Leichen. Ihre Gesichtszüge drückten Verzweiflung und Entsetzen aus.

Es gab, neben der Dokumentation über die Ankunft der Menschen in Auschwitz, noch eine weitere Fotoserie. Sie zeigte SS-Männer bei Freizeitaktivitäten, bei Schießübungen, Jagdszenen wurden fotografiert und es gab Bilder mit lachenden und singenden SS-Männern und -Frauen.

Kapitel 30

Vorboten?

Es gab eine Vielzahl von Bildern und Filmdokumenten, die in den Räumen des Erkennungsdienstes aufbewahrt wurden. Bei Weitem nicht alles davon war von Brasse oder seinen Kollegen angefertigt worden. Sie waren ja »nur« zuständig für die Porträts, die Selbstmorde und die Dokumentation »medizinischer Forschungsarbeiten«.

Sein Chef Bernhard Walter und dessen Vertreter Ernst Hofmann hatten sowohl auf Fotos als auch auf eigens dafür angeschafften 16-Millimeter-Filmen die Ermordung russischer Kriegsgefangener festgehalten. Die Filmrollen wurden in Regalen im Erkennungsdienst aufbewahrt, die Fotos wurden außerhalb entwickelt und kamen als Positive zurück.

Wilhelm Brasse wusste genau, was auf den Filmen zu sehen war. Bei Filmvorführungen im Erkennungsdienst, die sein Chef Bernhard Walter für SS-Mannschaften organisiert hatte, war er mit dabei, musste sich alles ansehen: Kapos, deutsche Kapos, die russische Gefangene mit Stöcken und Schaufeln erschlugen. Grauenhafte Bilder, gerne hätte er weggeschaut oder noch lieber wäre er rausgerannt, aber das ging nicht, er musste sich das anschauen, er musste sich die abscheulichen Kommentare der SS-Männer anhören, wie sie sich lustig machten.

Im Winter 1944 erhielt Wilhelm Brasse von seinem Chef den Auftrag, eine große Holztruhe zu besorgen. In diese Truhe musste er dann das ganze Film- und Bildmaterial einpacken, das die Liquidierung dieser russischen Gefangenen dokumentierte. Aber auch weiteres Bildmaterial wurde dort hineingepackt. Brasse vermutete, dass es sich um die Negative handelte, die er für Dr. Mengele gemacht hatte.

Die so gefüllte Kiste war für den Versand bestimmt.

Aber warum?, fragte sich Wilhelm Brasse. Warum und wohin verschickt man dieses Material? Rechnete man damit, dass das Lager aufgelöst werden musste? Ging man davon aus, dass die russische Armee in Richtung Westen vordringen würde, oder war sie schon so weit vorgedrungen, dass sie in absehbarer Zeit Auschwitz einnehmen würde? Dann hätten gerade diese Bilder und Filme für die Deutschen verheerende Folgen.

Wohin die Kiste verschickt wurde, hat Wilhelm Brasse nie erfahren.

Kapitel 31

15. Januar 1945

Nach dem Abendappell kam Hauptscharführer Bernhard Walter mit dem Motorrad auf Wilhelm Brasse zugefahren. Er wirkte sehr aufgeregt.

»Brasse, der Ivan kommt!«, sagte er, als würde dieser Satz schon alles erklären. Als Brasse nicht sofort reagierte, schlug Walter einen schärferen Ton an. »Sämtliche Aufnahmen, sämtliche Dokumente, alles verbrennen, alles vernichten!«

Kanonendonner, der offenbar Tag für Tag näher rückte, war schon seit geraumer Zeit zu hören. Auch konnte man im Lager die Anspannung unter den SS-Männern spüren. Ob sie immer noch an den Endsieg glaubten? Zweifel waren angebracht, denn, so erfuhr auch Wilhelm Brasse, im Lager Birkenau wurde bereits im November und Dezember 1944 die erste Gaskammer demontiert und in Richtung Westen transportiert. Sollten damit schon die ersten Beweise für den Massenmord beseitigt werden?

An jenem Abend des 15. Januar waren Angst und Panik zumindest bei Hauptscharführer Bernhard Walter deutlich sichtbar. Mit den Armen gestikulierend befahl er Brasse und seinem Kollegen Borislaw Jureczek, auch Schränke und Re-

15. Januar 1945

gale auszuräumen und alles in den Ofen zu werfen. Die Russen hätten schon die Front durchbrochen und würden rasch in Richtung Westen und somit auch Auschwitz näher rücken. Damit erklärte er die Eile und verließ die Räume des Erkennungsdienstes. Er werde sich am nächsten Tag davon überzeugen, ob sie seine Befehle ordnungsgemäß ausgeführt hatten.

Es war schon Abend und im Ofen war kein Feuer mehr, sondern nur noch etwas Glut und heiße Asche. Die Negative, die aus nicht brennbarem Zelluloid bestanden, schmolzen langsam vor sich hin.

Als Wilhelm Brasse hörte, wie Bernhard Walter mit dem Motorrad wegfuhr und wahrscheinlich nicht so schnell zurückkommen würde, dachte er für einen kurzen Augenblick darüber nach, dass die Negative und die Abzüge und überhaupt alle Dokumente, die im Erkennungsdienst aufbewahrt wurden, wichtig sein könnten. Wichtig als Beweismittel für die Verbrechen, die hier in Auschwitz geschehen waren. Und, so dachte Brasse weiter, wenn es uns Häftlinge nicht mehr geben sollte, um davon zu berichten, dann wären die Fotos wahrscheinlich alles, was übrig blieb, um die Grauen von Auschwitz zu dokumentieren. Denn was aus ihnen, den Häftlingen, werden würde, war völlig ungewiss. Würde man sie alle jetzt noch schnell umbringen? Würde man sie verlegen? Und wenn ja, wohin? Es waren noch so viele Gefangene hier!

Die Negative, die er eben noch in Anwesenheit von Walter gehorsam dem Ofen übergeben hatte, holte Wilhelm

Brasse jetzt wieder heraus. Die glühenden Teile übergoss er mit Wasser und erstickte letzte Funken unter einer Decke.

Als die beiden Männer den Raum verließen, verbarrikadierten sie die Tür von außen.

Kapitel 32

Todesmarsch

Viele hatten das Lager schon in den Tagen zuvor verlassen, sowohl Häftlinge als auch SS-Männer. Wilhelm Brasse verließ Auschwitz am 21. Januar 1945. Es war ein Sonntag. Alle, die nicht zu geschwächt waren, die noch gehen konnten, versammelten sich. Die SS-Männer, die sich noch nicht abgesetzt hatten, führten die Aufsicht über die Gefangenen. Sie brüllten und schlugen mit Knüppeln auf sie ein. ›Es ist fast so, wie bei unserer Ankunft‹, dachte Brasse, ›nur, dass wir jetzt aufbrechen, irgendwohin, weg von hier.‹

In Reihen mussten sie sich aufstellen und dann kam der Befehl zum Abmarsch. Als abgemagerte Gestalten, dem Tod näher als dem Leben, setzten sie sich an diesem frostigen Wintertag, gekleidet in ihren dünnen Häftlingsanzügen, in Bewegung. Wilhelm Brasse und auch einige andere hatten Decken mitgenommen und sie gegen die Kälte um ihre Schultern gelegt. Auch unterwegs wurden sie immer wieder von den SS-Aufsehern angebrüllt und mit Stöcken geschlagen. Viele von ihnen fielen unter diesen Stockschlägen tot um. Andere fielen einfach so tot um. Sie waren entkräftet, starben am Hunger und an der Kälte. Wenn jemand zu langsam war, aus der Gruppe zurückfiel, weil er erschöpft war, wurde er erschossen. Niemand sollte lebend auf der Strecke zurückbleiben.

Unter denen, die noch halbwegs bei Kräften waren, bekam der Marsch einen eigenen Rhythmus: hungern – gehen – frieren – hungern – gehen – frieren …

Gelegentlich kamen sie durch Ortschaften. Die Bewohner, zunächst neugierig darüber, wer da durch ihren Ort lief, zogen sich beim Anblick dieser Gestalten schnell in ihre Häuser zurück. Machte trotzdem mal jemand das Angebot, ihnen etwas zu essen zu geben, wurde es von den SS-Männern zurückgewiesen. Diese Leute hätten genug von allem, sie seien nicht auf ihre Hilfe angewiesen, wurden sie angeherrscht. Und um ihren Worten den nötigen Nachdruck zu verleihen, schossen die SS-Männer mit ihren Gewehren in die Luft.

Wilhelm Brasse fand heraus, dass sie auf dem Weg nach Loslau waren, einem Ort an der tschechischen Grenze. Dort gab es einen Bahnhof. Von dort fuhren noch Züge. Von dort sollten sie abtransportiert werden. Das vermutete er.

Der Weg dorthin war weit. Besonders unter diesen Bedingungen. Mindestens achtzig Kilometer würden sie zurücklegen müssen.

Bevor sie aber den Ort erreichten, mussten sie am Rand eines kleinen Dorfes in einer Feldscheune übernachten. Die Tagestemperaturen, so schätzte Brasse, waren fünfzehn bis zwanzig Grad unter null, in dieser klaren Nacht sicher noch zehn Grad kälter. Am nächsten Morgen war eine größere Anzahl von Gefangenen erfroren. Wie viele es waren, konnte

Brasse nicht einschätzen. Er sah nur, dass die Gruppe geschrumpft war.

Die noch Lebenden setzten ihren Marsch fort. Schon nach kurzer Zeit hatte sich wieder der Rhythmus vom Vortag eingestellt: hungern – gehen – frieren – hungern – gehen – frieren …

Und zwischendurch knallten Schüsse. Ihre Strecke wurde von Toten gesäumt.

Es war Abend, als sie in Loslau ankamen. Züge fuhren um diese Zeit keine mehr, deswegen mussten sie in der Stadt noch einmal übernachten.

Am nächsten Morgen wurden sie verladen. Eine andere Bezeichnung für das, was mit ihnen geschah, konnte Brasse nicht finden. Verladen wurden sie in nach oben hin offene Kohlewaggons. Sechzig, manchmal siebzig Gefangene pro Waggon. Es war so eng darin, dass die Gefangenen sich weder legen noch setzen konnten. Sie wuchsen zu einer einzigen Menschenmasse zusammen, in der es keine Zwischenräume gab.

Als sich der Zug in Bewegung setzte und der Fahrtwind ungeschützt in die Waggons blies, wurde die Kälte noch unerträglicher. Trotz der Enge konnten die ausgemergelten Körper nicht genügend Wärme entwickeln, die sie hätten weitergeben können. So erfroren viele von ihnen. Die Leichen warfen sie aus dem fahrenden Zug neben das Gleisbett. Vorher zog man den Toten aber noch ihre Kleidung aus, sie konnte einen anderen noch wärmen.

Vier Tage waren sie unterwegs. Vier Tage der ungeschützten Kälte ausgesetzt, der Urin wärmte sie nur für Augenblicke, bevor er in der Kleidung gefror. Vier Tage ohne Essen und Trinken. Vier Tage, in denen sie die Toten aus dem fahrenden Zug warfen. Glück für diejenigen, die ihre Kleidung übernommen haben. Nach vier langen Tagen hielt der Zug an. Sie waren in Mauthausen angekommen.

```
582 D.R.      Böhler Josef         22.2.98    Fleischer    Quarz 29.1.45
583 Po.Jude   Böhm Omelaw          22.10.24   Schlosser    15.2.45 gest.
584 AZR.DR    Böhm Karl            3.7.02     Arb.         Quarz 29.1.45
585 BV.DR.    Böwe Walter          24.7.02    Mechanik.    Gus.Bergkr. 16.2.
586 B.L.      Brandeis Salomon     17.9.16    Kraftf.      Amstetten 2.4.45
587 So.       Brant Zygmunt        6.5.06     Aut.Mech.    Gus.Bergkr. 16.2.
588 DR.       Brasse Wilhelm       3.12.17    Fotograf     Quarz 29.1.  -
589 BV.DR.    Braun Wilhelm        3.10.03    Maurer       St. Aegyd 21.2.
590 DR.       Brebenarin Aleksander 9.8.12    Jurist       Amstetten 2.4.
591 S.L.Jude  Beder Friedrich      27.9.19    Bäcker       "
592 AZR.DR.   Bresler Herbert      12.2.99    Glaser       "
```

Auszug aus der Transportliste: Eine große Gruppe Gefangener wurde am 21. Januar 1945 vom Konzentrationslager Auschwitz nach Mauthausen deportiert.
Die Gefangenen wurden in einer Transportliste erfasst. Auch Wilhelm Brasse.

Kapitel 33

Mauthausen

Hunger, Durst und vor allem aber die Kälte hat auf der langen Reise vielen Häftlingen das Leben gekostet. Und die, die noch lebten, wurden von Tag zu Tag schwächer. Sie merkten es daran, dass zu Beginn der Fahrt zwei Männer reichten, um einen Toten aus dem Waggon auf das Gleisbett zu werfen. Später waren dafür drei bis vier Männer nötig.

Eng zusammengekauert saßen sie auf dem Boden, als endlich die Türen aufgerissen wurden. Wilhelm Brasse erinnerte sich jetzt wieder an seine Ankunft in Auschwitz, als er die Kapos sah, die sie zunächst aus dem Zug und dann in Kolonnen zu einer Baracke trieben. Aber er war zu schwach, zu durchgefroren, zu hungrig, um auch nur eine Regung der Angst zu spüren. Wie alle anderen trottete er in die vorgegebene Richtung dahin. Sie erreichten den Bau, einen Bretterbau, und erhielten den Befehl, sich auszuziehen und zu duschen. Danach bekam jeder eine Häftlingsnummer. Brasse war nicht mehr Häftling Nummer 3444, hier war er Nummer 116588.

Vier Tage verbrachten sie in diesem Lager in Quarantäne. Vier Tage Ungewissheit, was mit ihnen geschehen würde. Vier Tage voller Angst. Vier Tage – nicht einmal genug Zeit, um auch nur halbwegs wieder zu Kräften zu kommen.

Am fünften Tag wurden sie aufgeteilt. Mauthausen hatte viele Außenlager, in denen dringend Arbeitskräfte benötigt wurden.

Wilhelm Brasse kam mit einem großen Transport nach Melk. Melk, er hatte davon gehört, er erinnerte sich dunkel. Sein Großvater stammte aus Österreich, und er hatte öfter über dieses Land gesprochen, von den Bergen erzählt, von den Flüssen, besonders von der Donau. Und hatte dabei auch einmal Melk erwähnt und von dieser Stadt geschwärmt. Für Wilhelm Brasse wurde diese Stadt mit seinem Lager zur Hölle.

Melk – dieses Lager wurde eingerichtet, um für die Rüstungsindustrie in einem Berg eine Stollenanlage zu bauen. Von Anfang an war vorgesehen, dass KZ-Häftlinge diese Arbeit übernehmen sollten. Häftlinge, die man aus anderen Lagern anforderte, um ihre Arbeitskraft auszunutzen. Der Tod war bei dieser Kräfte raubenden Arbeit von Beginn an einkalkuliert. Es war ja genügend »Menschenmaterial« da, das man nachfordern konnte.

Die meisten Häftlinge wurden in den Stollenanlagen beschäftigt. Sie mussten die Gesteinsbrocken auf ihren Schultern ins Freie tragen. Die anderen wurden für den Straßen- und Barackenbau eingesetzt.

Die Firma Steyr-Daimler-Puch AG ließ hier Kugellager für Panzer, Flugzeuge und Militärfahrzeuge herstellen.

Wilhelm Brasse wurde einem Außenkommando zugeteilt. Sein Arbeitskommando hieß »Straßen- und Barackenbau«.

Es war Winter. Es schneite. Es hatte Minustemperaturen.

Und wenn die Temperaturen etwas anstiegen, dann regnete es.

Von morgens bis abends mussten sie draußen arbeiten, alle Wege im Laufschritt zurücklegen. Es gab keine Möglichkeit, sich irgendwo aufzuwärmen. Besonders die Hände, die Finger waren steif gefroren, zum Arbeiten kaum noch zu gebrauchen. Aber wer überleben wollte, musste durchhalten, irgendwie. Nach kurzer Zeit schon hatte sich unter den Gefangenen rumgesprochen, dass die SS-Mannschaften mit Kranken und Schwachen kurzen Prozess machten. Sie wurden entweder von ihnen erschlagen oder »auf der Flucht erschossen« oder sie wurden kurzerhand mit Phenolspritzen ermordet. Auch hier wurde es »abspritzen« genannt.

An einen eigenständigen Wechsel des Arbeitskommandos, so wie er das in seinen ersten Monaten in Auschwitz gemacht hatte, war hier nicht zu denken. Hier wurde das sofort mit dem Tode bestraft.

Wenn sie abends, durchgefroren und durchnässt, in ihre Baracken kamen, war es auch dort kalt. Es gab keine Möglichkeit zu heizen. Ihre nasse Kleidung zogen sie aus, hängten sie an Haken auf in der Hoffnung, dass sie am Morgen trocken sein würde. Aber sie war noch so nass wie am Abend zuvor. Viele wurden krank, konnten nicht mehr arbeiten und wurden mit den Mitteln der SS umgebracht. Es gab ja »Nachschub«.

Wilhelm Brasse war nach wenigen Wochen am Ende seiner Kräfte. Die Arbeit war schwer, es gab nur wenig zu essen. Viel zu wenig für die schwere Arbeit, viel zu wenig für Wilhelm Brasse, der immer nur, weil er ständig Hunger hatte, an Essen dachte. Zusatzverpflegung gab es hier keine.

Tag für Tag wurde er dünner, seine Hose begann zu rutschen. Selbst konnte er keinen Knoten mehr in den Bund machen, damit sie hielt, dafür waren seine Finger zu steif. Ein Mithäftling musste das übernehmen.

Neben dem körperlichen Abbau verlor er aber auch den Mut. In Auschwitz hatte er Wege und Möglichkeiten gefunden, die sein Überleben sicherten. Hier fühlte er sich allem ausgeliefert. Der Kälte, der knappen Verpflegung und vor allem der Brutalität der SS-Mannschaften. Auschwitz hatte er überlebt. Dort hatte er, trotz allem, immer etwas Glück. Wie lange würde er es hier noch aushalten? Würde er überleben? Manchmal spürte er, dass der Tod schon ganz nah war. Würde er von selbst sterben oder würde man auch ihm eine Spritze geben, bevor man seinen Körper ins Krematorium brachte?

Er fing an zu fluchen. Er fluchte still vor sich hin. Er, der gläubige Katholik, verfluchte Gott, dass er so etwas zulassen konnte, und er verfluchte seine Mutter, dass sie ihn überhaupt geboren hatte. Wie gut wäre es, das alles nicht erleben zu müssen. Einfach nicht auf der Welt zu sein.

Dann fing er an zu weinen. Er weinte aus Verzweiflung. Er wollte seine Mutter nicht verfluchen, sie trug ja keine Schuld an dieser ganzen Situation, er wusste, er hatte eine gute Mutter, eine Mutter, die er liebte, die ihn liebte, die in seinen Kindertagen immer für ihn da war, die ihm Aufrichtigkeit und Frömmigkeit nicht irgendwie anerzog, sondern ihm vorlebte. Und Gott verfluchen wollte er auch nicht. Er war kein Christ aus Gewohnheit. Der christliche Glaube war eine wesentliche Grundlage seines Lebens.

Aber so wie das Wetter in diesem Lager umschlug, so änderte sich auch seine Stimmung. Was ihn kurz zuvor noch verzweifeln ließ, betrachtete er wenig später als großes Glück.

Gefangenen gegenüber bezeichnete er es für sich als Glück, eine Familie zu haben, er empfand es als Glück, einen Beruf zu haben, der ihm in Auschwitz das Überleben gesichert hatte. Für ihn war es ein Glück, dass er nicht im Kommando eines prügelnden Kapos hatte arbeiten müssen, sondern als Fotograf im Erkennungsdienst, wo er als Häftling selbst von SS-Männern wegen seiner Professionalität geschätzt worden war. Ja, selbst diesen Zuspruch empfand er als Glück, wenn er sich mit anderen Gefangenen verglich, die Tag für Tag und bei Wind und Wetter draußen hatten arbeiten müssen und von den Kapos verprügelt worden waren. Das größte Glück in Auschwitz war für ihn, Menschen getroffen zu haben, die zu Freunden wurden.

Sollte jetzt alles hier in diesem Außenlager von Mauthausen zu Ende sein?

Es kam anders als erwartet, denn Wilhelm Brasse wurde abermals verlegt. Am 16. April 1945 kam er mit einem Transport nach Ebensee. Von diesem Lager hatte er gehört. Es war als weiteres Außenlager von Mauthausen bekannt, in dem es, ähnlich wie in Melk, eine unterirdische Fabrik gab. Würde er nun, entkräftet wie er war, dort zum Arbeiten eingesetzt werden? Stollen in den Berg treiben? Steine schleppen?

Doch es kam anders. In Ebensee, einem Ort in den Alpen, gab es in den ersten Tagen gar nichts zu tun, bis man Wilhelm Brasse dem Arbeitskommando »Aufräumarbeiten« zuteilte, das in dem nahe gelegenen Ort Attnang-Puchheim eingesetzt wurde. Dort hatten Bomben die Bahnstation völlig zerstört. Gleisanlagen ragten wie metallene Bäume in die Luft, Güterwaggons waren umgekippt und zum Teil vollkommen zertrümmert. Erde und Waggonladungen hatten sich vermischt. Hier sollten sie aufräumen, die Bahnstation wieder nutzbar machen.

Zwischen all den Trümmern fanden sie beim Aufräumen Lebensmittel, die offenbar in den Waggons transportiert wurden.

Der Hungrige denkt nur an Essen.

Wilhelm Brasse entdeckte Reis, trockenen, ungekochten Reis. Davon aß er etwas. Bei seiner Suche, und er war jetzt angestachelt weiterzuwühlen, stieß er auf Konservendosen. Konservendosen gefüllt mit Schweinefleisch, mit fettem Schweinefleisch. Auch davon nahm er ein paar Löffel voll. Und das wurde ihm zum Verhängnis. Sein Magen war es nicht mehr gewohnt, solche fetten Sachen aufzunehmen und zu verdauen. Er bekam Durchfall, der ihm bislang unbekannte Ausmaße annahm. Er schleppte sich zur Toilette. Und dort blieb er. Er hatte keine Kraft mehr aufzustehen, geschweige denn, irgendwelche Arbeiten zu machen. Er blieb auf der Toilette, er schlief eine ganze Nacht dort, etwas anderes blieb ihm nicht übrig. Mittel gegen Durchfall gab es keine.

Dies alles geschah am Tag des 5. Mai und in der Nacht zum 6. Mai 1945 im Lager Ebensee.

Am 6. Mai 1945, einem Sonntag, wurde Wilhelm Brasse von seinen Leiden erlöst. Die Amerikaner kamen ins Lager, befreiten ihn von der Toilette und die Gefangenen von den Deutschen. Er wurde sofort ärztlich versorgt, bekam Kohletabletten und wenig später Tannalin, ein Mittel mit einem starken Wirkstoff gegen Durchfallerkrankungen.

Die amerikanischen Ärzte kümmerten sich sehr intensiv um die vielen kranken und ausgehungerten Häftlinge. In eigens eingerichteten Krankenstationen wurden sie behandelt.

Wilhelm Brasse war während seiner Zeit in Mauthausen und den Außenlagern abgemagert, er hatte mehr als die Hälfte seines normalen Körpergewichts verloren. Er wog noch zweiundvierzig Kilo.

In den ersten Tagen und Wochen konnte er gar nicht richtig begreifen, dass er nun tatsächlich frei war. Er registrierte zwar, dass man sehr freundlich zu ihm war, er wurde von Krankenschwestern gepflegt, Ärzte machten regelmäßig Visite, erkundigten sich, wie es ihm gehe, er bekam gutes Essen. Aber frei? War er tatsächlich frei? Konnte er nun einfach von seinem Krankenbett aufstehen und weggehen? Nach Hause? Noch war er zu schwach dafür. Deswegen fragte er bei einer Visite den Arzt: »Wie lange muss ich noch hier bleiben?«

»Na, zumindest so lange, bis Sie wieder bei Kräften sind«, sagte der Arzt und lächelte.

»Muss ich dann wieder zurück ins Lager?«

»Nein, das ist Gott sei Dank vorbei. Dahin müssen Sie gewiss nicht mehr zurück. Noch ein paar Wochen und Sie können nach Hause!«, sagte der Arzt.

Nach Hause – die Worte des Arztes klangen noch lange in seinen Ohren. Nach Hause – hatte er sich auch nicht verhört? Nach Hause? Weil er unsicher war, fragte er den Arzt bei der nächsten Visite noch einmal. Und er bekam die gleiche Antwort.

Von diesem Augenblick an begann er, über sein Zuhause nachzudenken. Wie würde es dort sein? Ob noch alle lebten? Seine Mutter, sein Vater, seine Brüder? Würde er den Ort so vorfinden, wie er ihn verlassen hatte, oder würde der Krieg seine Spuren hinterlassen haben?

Fragen, die ihn beschäftigten, Fragen, die ihn unruhig werden ließen, ihn nicht mehr im Bett hielten, ihn zuerst im Zimmer hin und her laufen ließen, später durch die Flure des Krankenhauses. Dabei merkte er, dass er körperlich noch nicht ausreichend bei Kräften war, um die Heimreise antreten zu können. Er musste noch Geduld haben.

Zwei Monate dauerte es, bis die Ärzte seiner Entlassung zustimmten. Zwei Monate, in denen Brasse sich mit dem Gedanken an Später beschäftigen konnte.

Neue Kleidung bekam er, und als er so vor dem Spiegel stand, war er zufrieden mit dem, was er da sah. Er war nicht mehr der Haut-und-Knochenmann, den er bei seiner Einlieferung gewesen sein musste. Er hatte fast wieder sein altes Körpergewicht. Konnte er auch wieder der Alte sein?

Kapitel 34

Zurück nach Polen

Die ersten Schritte außerhalb des Krankenhauses waren für Brasse eine ganz neue Erfahrung. Da war niemand, der ihm Anweisungen gab, der ihn anbrüllte oder auf ihn einschlug. Er konnte einfach gehen. Zu dem Ort, den die Ärzte ihm genannt hatten, damit er ausreisen konnte. Bei einer amerikanischen Dienststelle bekam er einen Ausweis, denn er musste ja Grenzen passieren. Dieses Dokument war gleichzeitig auch der Entlassungsschein aus dem Konzentrationslager. Es hatte folgenden Wortlaut:

> Herr Brasse, Wilhelm, geboren am 3. Dezember 1917,
> zuletzt wohnhaft in Żywiec,
> wurde vom 31. August 1940 bis 6. Mai 1945
> in nationalsozialistischen Konzentrationslagern
> gefangen gehalten und vom Konzentrationslager
> Mauthausen in Freiheit gesetzt.
>
> Ausgestellt am 6. Mai 1945   (Unterschrift)

Amerikanische Soldaten waren es, die ihn und einige andere Kollegen, ehemalige Mithäftlinge, mit einem Lastwagen nach Budweis in Tschechien fuhren, von dort ging es mit dem Zug weiter nach Kattowitz.

Einen der Mitreisenden kannte Wilhelm Brasse ganz gut aus Auschwitz. Es war Józef Paczynski aus Krakau, der noch vor ihm nach Auschwitz deportiert worden war. Er war bereits mit dem ersten Transport im Juni 1940 dort angekommen. Als Lagerfriseur für das SS-Personal wurde er dort als Funktionshäftling beschäftigt. Bei allen, Höß, Grabner, Baer, Mengele, Kremer, Palitzsch, Bogner, Entress… musste er dafür sorgen, dass sie immer eine korrekte Frisur hatten. Als Funktionshäftling hatte er aber auch entsprechende Vorteile. Er schaffte es, zusätzliche Lebensmittel oder auch dringend benötigte Medikamente zu besorgen und weiterzugeben. In seiner Position hatte er (wie auch Wilhelm Brasse) sehr tiefe Einblicke in den Lageralltag bekommen.

Am 10. Juli 1945 kam Wilhelm Brasse in Kattowitz an und meldete sich sofort beim Roten Kreuz. Dort bekam er die Bescheinigung mit dem Wortlaut: »Aus Mauthausen eingetroffen.«

Zuerst wollte er seinen Onkel aufsuchen, nachsehen, ob er noch das Fotoatelier hatte. Aber er traf ihn nicht an. Das Atelier gab es zwar noch, aber er konnte nicht herausfinden, ob sein Onkel tatsächlich noch der Besitzer war.

Einen Tag später, am 11. Juli, fuhr er nach Żywiec. Er wollte nach Hause. Er wollte zu seiner Familie. Der Zug fuhr viel zu langsam. Zu Hause angekommen, freute er sich, dass alle noch lebten. Bis er aber tatsächlich ankam, ging noch sehr viel Zeit ins Land. Trotz Bekanntem und Vertrautem, das er vorfand, war alles anders. Nach außen hin versuchte er, ein normales Leben zu führen, wie es in ihm aussah, das behielt er über Jahre für sich. Selbst mit seiner späteren Ehefrau redete er nicht darüber.

Nachwort

Wilhelm Brasse war achtundzwanzig Jahre alt, als sein neues Leben begann. Er wollte wieder anknüpfen an die Zeit, bevor er ins Konzentrationslager kam. Er wollte wieder als Fotograf arbeiten, Geld verdienen und, auch das war einer seiner Wünsche, er wollte eine Familie gründen.

Sowjetischen Soldaten kaufte er einen Fotoapparat ab, eine Kodak Retina.

Beide Wünsche sollten – zunächst – in Erfüllung gehen.

In der Zeit, als er wieder anfing zu fotografieren, lernte er seine spätere Frau Stanislawa kennen. Sie verliebten sich ineinander und ein knappes Jahr später, am 16. Juli 1946, heirateten sie. Mit seiner Frau war Wilhelm Brasse glücklich.

Weniger Glück hatte er mit seinem Beruf. Er hatte viel zu tun, einen großen Kundenstamm, er war ein gefragter Fotograf in seiner Heimatstadt. Aber mit der Zeit kamen die Erinnerungen an Auschwitz zurück. Immer öfter, wenn er durch den Sucher seiner Kamera schaute, sah er sie wieder vor sich. Zunächst einzelne Gefangene, wie zum Beispiel einen Jungen in Sträflingsjacke, blutverschorfte Lippen, die Augen voller Angst; Mädchen, die Mengele ihm schickte, um sie nackt zu fotografieren, Mädchen mit schüchternen und verstörten Blicken; es wurden mehr, Hunderte, Tausende, Zehntausende Gesichter, in denen nichts als Panik zu sehen war, Gesichter aus jener Zeit, die er hinter sich glaubte, Gesichter von Frauen, Männern, alten Menschen, jungen Menschen, die nur noch wenige Tage leben würden. Todgeweihte Menschen. Er konnte sie nicht retten. Er fühlte sich hilflos. Er fühlte sich machtlos.

Jetzt, da alles vorbei war, kamen die Erinnerungen. Jetzt sah er all die Menschen wieder vor sich. Jetzt konnte er nicht mehr. Zuerst versagten ihm seine Augen den Dienst, später die Hände, die den Auslöser nicht mehr bedienen wollten.

Bei einem Psychiater suchte er Rat und bekam von ihm die Empfehlung, seinen Beruf zu wechseln.

1946 hörte er mit dem Fotografieren auf. Willhelm Brasse rührte keine Kamera mehr an.

Gemeinsam mit seiner Frau gründete er einen privaten Betrieb, in dem sie Kunstdärme für Wurst produzierten. Ein lukratives Geschäft in der Zeit des Kommunismus, wie sich schnell herausstellte.

Obwohl er mit seiner Frau ehemalige Häftlinge besuchte, mit denen er sich im Lager und noch mehr in der Zeit danach angefreundet hatte, redete er mit ihr nie über seine Zeit in Auschwitz. Sie wusste, dass er dort war. Einmal waren sie gemeinsam durch das Lager gegangen, und er hatte ihr gesagt, hier, in Block 26, im Erkennungsdienst, habe er gearbeitet. Mehr nicht. Er begründete sein Schweigen später damit, dass er seine Frau mit diesen Dingen nicht belasten wollte.

Auch im privaten Umfeld wusste man nichts über seine schrecklichen Erlebnisse im Lager. Einige Menschen aus seinem Bekanntenkreis wussten nicht einmal, dass er überhaupt in einem Lager war.

Anders sein Sohn. Als der erwachsen war, fünfundzwanzig Jahre alt, erfuhr er alles, jedes Detail, was der Vater in Auschwitz erlebt hatte. Mehrmals waren sie gemeinsam dort, suchten alle Orte auf, an denen er arbeiten musste. Er redete, er erzählte und erklärte ihm seine ganze Zeit in Auschwitz. Der Sohn hatte alles erfahren, war im Bilde. Sonst niemand. Zunächst.

Später, nachdem der erste Film über Wilhelm Brasse im polnischen Fernsehen ausgestrahlt wurde, war er plötzlich gefragt. Er wurde zu einem Zeugen seiner Zeit in Auschwitz. Da er neben der polnischen auch die deutsche Sprache beherrschte, wurde er immer öfter als Zeitzeuge auch für deutsche Besuchergruppen in das Museum Auschwitz eingeladen.

Zwei Fragen wurden ihm nach seinen vielen Vorträgen immer wieder gestellt.

Die erste Frage lautete: »Wie ist es möglich, dass Sie überlebt haben? Im Lager herrschten doch so furchtbare Bedingungen!«

Dann fing Wilhelm Brasse an, über das Glück zu reden. Am Anfang habe er einfach nur Glück gehabt, dass er, als er die Arbeitskommandos wechselte, nicht erwischt wurde.

Sonst wäre es schnell aus gewesen mit ihm. Er habe aber auch Glück damit gehabt, diesen guten Beruf erlernt zu haben, den man im Lager brauchte. Er habe Glück gehabt, gerade unter den schweren Bedingungen Menschen zu treffen, die zu Freunden wurden. Gerade Freundschaften seien im Lager etwas Überlebenswichtiges gewesen. Da habe man anderen zeigen müssen, dass sie einem vertrauen konnten, und man musste auch selbst anderen vertrauen können. Zuspruch in schweren Momenten habe man gebraucht, jemanden zum Reden, über Sorgen, über die eigenen Ängste, jemanden, auf den man sich verlassen konnte. Denn auch er habe ständig Angst gehabt, doch noch ermordet zu werden.

Glück im Lageralltag in Auschwitz war für ihn aber auch, auf deutsche Kapos getroffen zu sein, die nicht geschlagen und gebrüllt haben, die sich ihm gegenüber menschlich verhalten hatten.

Waren diese vielen Glücksmomente Zufälle? »Sicher waren sie alle zusammen glückliche Fügungen«, pflegte Brasse zu sagen.

Die zweite Frage, die immer wieder auftauchte, war die nach den Deutschen und ob er sie hasse.

»Ich habe Deutschland immer für eine große Kulturnation gehalten. Deswegen war ich sehr schockiert davon gewesen, wie sich viele während des Krieges verhalten haben. Das passte nicht zu meinem Bild von Deutschland und den Deutschen.«

Im Lager waren sie Henker und Mörder. In seinen Gesprächen mit vielen SS-Männern musste er feststellen, dass

Juden, Zigeuner, Zeugen Jehovas, Homosexuelle und viele andere als minderwertige Geschöpfe betrachtet wurden, die es auszurotten galt. Man müsse sie wie Läuse zerquetschen, hatte ihm einmal ein SS-Mann gesagt.

Das sei die eine Gruppe der Deutschen gewesen, die er im Lager kennengelernt habe.

Es habe aber genauso auch Deutsche gegeben, die sich menschlich verhalten haben, die trotz der schweren Zeiten im Lager Mensch blieben. Vor denen habe er große Achtung.

»Nein«, beantwortet Wilhelm Brasse auch diese Frage, »ich hasse nicht alle Deutschen. Schon gar nicht die in der heutigen Zeit, nur weil sich damals ein Führer als ein Verführer der Massen entpuppt hat.

Diejenigen, oder zumindest einige von ihnen, die sich in dieser Zeit unmenschlich verhalten haben, wurden ja vor ein Gericht gestellt und verurteilt.

Nein, ich empfinde keinen Hass gegen die Deutschen, und ich hoffe, dass die Menschen von heute, nicht nur die Deutschen, sondern auch aus allen anderen Nationen, nicht noch einmal gedankenlos einem solchen Führer hinterherlaufen. Wir müssen unsere Augen öffnen und das früh genug erkennen. In meinen Gesprächen, gerade mit jungen Menschen, möchte ich keinen Hass verbreiten, sondern aufzeigen, was passiert ist. Damit sich so etwas Schreckliches, wie wir es erleben mussten, nicht noch einmal wiederholt.«

Wilhelm Brasse verstarb am 23. Oktober 2012 in seiner Heimatstadt Żywiec, kaum 50 Kilometer von Auschwitz entfernt.

Nachfolgend wird eine Auswahl von SS-Männern mit ihren Kurzbiografien vorgestellt, denen Wilhelm Brasse während seiner Zeit in Auschwitz begegnet ist. Mit einigen hatte er nur punktuelle Kontakte, andere nahmen seine Dienste, Kenntnisse und Fähigkeiten häufig in Anspruch.

Hans Aumeier

*1906; wird 1929 Mitglied der SS, im Dezember 1929 Eintritt in die NSDAP; gehört zum ersten Wachbataillon in Dachau, Mitglied im 4. SS-Totenkopfregiment im KZ Esterwegen, durchläuft verschiedene Funktionen in den Konzentrationslagern Lichtenberg, Buchenwald und Flossenbürg. Ab 1. Februar 1942 Schutzhaftführer im Stammlager Auschwitz. Aumeier ist für Massenerschießungen und Selektionen im Lager verantwortlich. Wegen Diebstahl und Korruption wird er ins Konzentrationslager Vaivara nach Estland versetzt. Später ist er Lagerkommandant im KZ Grini in Norwegen. Am 11. Juni 1945 wird er von der britischen Armee verhaftet. Er wird nach Polen ausgeliefert und im Krakauer Auschwitz-Prozess zum Tode verurteilt. Am 24. Januar 1948 wird das Urteil vollstreckt.

Richard Baer

*1911 in Floß/Oberpfalz; Konditor; 1930 Eintritt in die NSDAP, 1932 in die SS; gehörte zur Wachmannschaft im KZ

Dachau und Oranienburg, später Zugführer in Sachsenhausen, danach in Buchenwald und 1940/1941 im Konzentrationslager Neuengamme. Dort ist er als Adjutant an der Ermordung sowjetischer Kriegsgefangener in einer Gaskammer beteiligt, selektiert dort auch Häftlinge für deren Ermordung in »Euthanasie-Anstalten«. Nach Tätigkeit im SS-Wirtschafts- und Verwaltungshauptamt wird er ab Mai 1944 Lagerkommandant zunächst im Stammlager Auschwitz, später ist er auch für Birkenau und alle anderen Nebenlager zuständig. Baer trägt die Verantwortung für die Hinrichtung russischer Gefangener am Massengalgen, als Kommandant des gesamten Lagers Auschwitz auch für alle Vergasungen und sonstigen Hinrichtungen während seiner Amtszeit. Nach 1945 arbeitet er als Waldarbeiter unter dem Namen Karl Neumann; findet Unterschlupf auf dem Gut von Otto Fürst von Bismarck und wird dort, nachdem er steckbrieflich und über die Presse gesucht wird, verhaftet. Im Auschwitz-Prozess soll er für seine Taten zur Rechenschaft gezogen werden; stirbt 1963 in U-Haft.

Wilhelm Boger
*1906 in Zuffenhausen; kaufmännische Berufsausbildung, schon mit 16 Jahren in der NS-Jugend, einem Vorläufer der Hitlerjugend, ab 1929 Mitglied der NSDAP, ab 1933 Polizeiausbildung, Straftaten während der folgenden Jahre, nach

Bewährung ab 1942 als SS-Oberscharführer in Auschwitz. Boger gilt als einer der schlimmsten Sadisten des Lagers; Boger-Schaukel als Folterinstrument. Ihm wird im Frankfurter Auschwitz-Prozess Beteiligung an Selektionen, »Bunkerentleerungen« (Tötung der Insassen), Erschießungen sowie Tötung von Häftlingen bei Vernehmungen vorgeworfen. Er wird zu lebenslänglicher Haft und zusätzlich 15 Jahren Zuchthaus verurteilt, ferner Aberkennung der bürgerlichen Ehrenrechte; stirbt 1977 in Haft. Weder während der Verhandlung noch später in Haft bekennt er sich schuldig. Seine Ehefrau zu den Anschuldigungen: »Die Zeiten waren nun mal so.«

Dr. Carl Clauberg

*1898 in Wuppertal, studiert Medizin; Gynäkologe, Chefarzt der Universitätsfrauenklinik in Kiel; ab 1933 aus Überzeugung Mitglied in der NSDAP; Professor für Gynäkologie in Königsberg. Clauberg bat Heinrich Himmler im Mai 1942 in einem Brief, ihm umfassende Sterilisationsversuche in Auschwitz zu ermöglichen; beginnt dort Ende 1942 mit seinen Arbeiten und Experimenten, die für die betroffenen Frauen qualvoll sind und oft zum Tod führen; Frauen, die das überleben, werden anschließend durch Phenolinjektionen oder in

der Gaskammer umgebracht. Sein Ziel: Arbeitsfähige jüdische Frauen sollen nicht ermordet werden, sondern arbeiten, ohne sich vermehren zu können. 1948 wird er in der Sowjetunion zu 25 Jahren Haft verurteilt, später aber amnestiert und 1955 nach West-Deutschland abgeschoben. Anzeige durch den Zentralrat der Juden, Verhaftung in Deutschland, stirbt kurz vor Prozessbeginn 1957 in U-Haft.

Dr. Friedrich Entress
*1914 in Posen; studiert Medizin, tritt im November 1939 der Waffen-SS bei, wird 1943 zum SS-Hauptsturmführer befördert. Lagerarzt ab 1941 im Konzentrationslager Groß-Rosen, ab Dezember 1941 bis Februar 1943 im Stammlager Auschwitz. Entress führt u.a. zusammen mit anderen Ärzten im Auftrag der I.G. Farben Versuche durch, in denen die Wirksamkeit neuer pharmazeutischer Präparate an Häftlingen getestet wird. Den Gefangenen werden dazu entsprechende Krankheitserreger injiziert. Er ist verantwortlich für die Tötung einer großen Anzahl von Häftlingen. Später wird er nach Mauthausen versetzt, bleibt dort bis zum Kriegsende. 1946 wird ihm der Prozess gemacht. Vorwurf: Selektion kranker Lagerinsassen zur Vergasung. Im Prozess beruft er sich auf den Befehlsnotstand. Er wird zum Tode verurteilt und im Mai 1947 in Landsberg hingerichtet.

Karl Fritzsch

1903 in Nassengrub, Matrose, SS-Hauptsturmführer; ab 1930 Mitglied in der SS, ab 1933 im KZ Dachau, ab 1940 Schutzhaftlagerführer in Auschwitz. Fritzsch führt die Vergasung mit Zyklon B ein, ist für seine Brutalität berüchtigt, hält für die neu angekommenen Häftlinge, die zur Arbeit selektiert werden, »Begrüßungsreden«, in denen er den Häftlingen sagt, der einzige Ausweg aus dem Lager sei der durch den Kamin. Von 1942 bis 1944 Schutzhaftlagerführer in Flossenbürg, kommt im Mai 1945 an der Front ums Leben.

Maximilian Grabner

*1905 in Wien, Holzfäller, Polizeibeamter, SS-Untersturmführer; ab 1942 Mitglied in der NSDAP. Von Mai 1940 bis November 1943 ist Grabner Leiter der politischen Abteilung im Stammlager Auschwitz; dort bei den Häftlingen gefürchtet als Herr über Leben und Tod, verantwortlich für unzählige Hinrichtungen; später war er bei der Gestapo in Kattowitz, dort Ermittlungsverfahren gegen ihn wegen Korruption; wird im Krakau-Prozess zum Tode verurteilt und am 22.12.1947 hingerichtet. Zitat Grabners von 1946: »Ich habe nur mit Rücksicht auf meine Familie mitgewirkt an der Ermordung von etwa drei Millionen Menschen. Ich war niemals Antisemit!«

Rudolf Höß

*1900 in Baden-Baden; Kriegsfreiwilliger im Ersten Weltkrieg, Unteroffizier mit 17 Jahren; 1922 Mitglied in der NSDAP; 1924 wegen Fememord zu zehn Jahren Haft verurteilt, 1928 amnestiert, seit 1933 SS-Mitglied, ab 1934 Mitglied der Totenkopf-SS. Höß bekommt 1941 von Himmler den Befehl zum Aufbau des Konzentrationslagers Auschwitz-Birkenau. Ihm wird die Umsetzung der »Endlösung der Judenfrage« zur Aufgabe gemacht. Höß leitet die zum Jahreswechsel 1941/1942 beginnende Ermordung der Juden in den Gaskammern. Wird von Ende 1943 bis Anfang 1944 vorübergehend an das SS-Wirtschafts- und Verwaltungshauptamt nach Berlin berufen, kehrt im Mai 1944 nach Auschwitz zurück, weil er dort die Ermordung von vierhunderttausend ungarischen Juden organisieren soll. Er wohnt mit seiner Frau und seinen Kindern in Sichtweite des Stammlagers Auschwitz. Im Mai 1945 taucht er unter, wird von der britischen Militärpolizei im März 1946 auf einem Bauernhof in der Nähe von Flensburg festgenommen; wird im Mai 1946 nach Polen ausgeliefert, wo er am 2. April 1947 in Warschau zum Tode verurteilt und zwei Wochen später im Stammlager Auschwitz hingerichtet wird. Er versteht nach seinen Aussagen nicht, weshalb er zur Rechenschaft gezogen wird. Er habe doch nur Befehle ausgeführt.

Josef Klehr

*1894 in Langenau/Oberschlesien, gelernter Tischler; Ende 1934 Pfleger in der Heil- und Pflegeanstalt in Leubus, in der auch sein Vater arbeitet, ab 1938 Hilfswachtmeister im Zuchthaus Wehlau. 1932 Eintritt in die NSDAP und SS, im August 1939 Beitritt zur Waffen-SS; kommt als Wachmann nach Buchenau, 1940 als Sanitäter ins Konzentrationslager Dachau, 1941 Beförderung zum SS-Unterscharführer, wird ins Konzentrationslager Auschwitz abkommandiert, wo er im Häftlingskrankenbau ebenfalls als Sanitäter eingesetzt wird. Klehr ist berüchtigt für das »Abspritzen von Häftlingen«, d.h. Mord durch Phenolinjektionen in den Herzmuskel. Am Heiligabend 1942 ermordet er zweihundert Häftlinge mittels einer solchen Spritze. Ab 1943 leitet er das Desinfektionskommando und ist damit an den Massenmorden in den Gaskammern unmittelbar beteiligt. Ab Sommer 1944 Einsatz in verschiedenen anderen Konzentrationslagern. Im Mai 1945 Verhaftung in Österreich, anschließend amerikanische Gefangenschaft in Deutschland, von einem Lagergericht in Böblingen wird er zu drei Jahren Arbeitslager verurteilt. Nach seiner Entlassung 1948 arbeitet er bis 1960 als Tischler, heiratet in dieser Zeit und wird Vater von zwei Kindern. Im Frankfurter Auschwitz-Prozess steht er vor Gericht und wird im August 1965 zu lebenslangem Zuchthaus und zusätzlichen 15 Jahren Haft wegen Mordes an »allermindestens 475 Fällen« und

Beteiligung am Mord in mehreren Tausend Fällen verurteilt. Wegen Vollzugsunfähigkeit wird der Vollzug im Januar 1988 ausgesetzt, im August 1988 wird über die verbleibende Zeit Bewährung verhängt; er stirbt wenige Monate nach seiner Haftentlassung.

Johann Paul Kremer

*1883 in Stelberg bei Köln, studiert Biologie, Mathematik, Philosophie, später noch Medizin. 1936 wird er außerordentlicher Professor in Münster für Anatomie und menschliche Vererbungslehre. Tritt 1932 in die NSDAP ein. Ab 30. August 1942 in Auschwitz-Birkenau als stellvertretender Lagerarzt, war bei Exekutionen anwesend, um den Tod der Häftlinge festzustellen. Bei Vergasungen besteht seine Aufgabe darin, die Sicherheit für die ausführenden SS-Mannschaften zu gewährleisten. Im Stammlager Auschwitz ist sein Forschungsschwerpunkt »die Auswirkung des Hungers auf die inneren Organe«. Menschen, die am Hungertod sterben, entnimmt er die Organe, um sie mit anderen zu vergleichen. Führt ausführlich Tagebuch über berufliche und private Ereignisse in Auschwitz. Am 22. Dezember 1947 in Krakau zum Tode verurteilt, wird aber zu lebenslänglicher Haft begnadigt, 1958 wegen guter Führung vorzeitig entlassen, Abschiebung nach Deutschland, an der Universität Münster als »Spätheimkehrer« gefeiert; wird 1960 vom Landgericht Münster noch einmal wegen seiner Verbrechen in Auschwitz angeklagt und zu zehn Jahren Haft verurteilt, die durch seine Haftzeit in Polen als abgegolten gilt. Stirbt im Januar 1965 in Münster.

Dr. Josef Mengele
*1911, Humangenetiker und SS-Hauptsturmführer; seit 1937 Mitglied der NSDAP. Mengele ist vom 30.5.1943 bis 18.1.1945 in Auschwitz-Birkenau, wo er ohne erkennbare Skrupel und mit großer Pedanterie Selektionen für die Gaskammer durchführt. Er erforscht an Häftlingen die Wirkung von Genwirkstoffen, tötet und seziert seine Versuchspersonen; bevorzugte »Forschungspersonen« waren Zwillinge, Kleinwüchsige, Sinti und Roma. Nach dem Krieg Flucht über Genua nach Argentinien, 1958 taucht er in Uruguay auf, heiratet dort die Witwe seines verstorbenen Bruders, am 7.2.1979 stirbt er in Bertioga/Brasilien. Obwohl Mengele für die Tötung von vielen Tausend Menschen verantwortlich ist, wird er für seine Verbrechen nie zur Rechenschaft gezogen.

Gerhard Palitzsch
*1913 in Großopitz; SS-Hauptscharführer, ab 1936 Block- und Rapportführer im KZ Sachsenhausen, 1938–1940 zweiter Kommandant im KZ Neuengamme, ab Mai 1940 Rapportführer in Auschwitz. Palitzsch ist für die ersten Ver-

suche mit Zyklon-B-Vergasungen an russischen Gefangenen verantwortlich, wegen seiner Brutalität unter den Häftlingen gefürchtet; selbst sein Vorgesetzter, Lagerleiter Höß hält ihn für eine »verschlagene Kreatur«. Wird wegen Korruption und sexuellen Beziehungen zu Häftlingsfrauen entlassen, wird an die Front versetzt und kommt im Dezember 1944 ums Leben.

Franz Schebeck
*1909 in Wien; Mitglied der SS, SS-Unterscharführer, von 1940 bis 1945 im Konzentrationslager Auschwitz, dort Leiter des Lebensmittelmagazins, das aus den Transporten der jüdischen Häftlinge, die diese Lebensmittel mit sich führten, bestückt ist. Im Lagerjargon heißt dieses Magazin »Schebecks Kanada«. Franz Schebeck wird am 3. Oktober 1951 vom Wiener Landgericht wegen unerlaubter Bereicherung zu vier Jahren schweren Kerker verurteilt.

Heinrich Schwarz
*1906 in München, Fotografenausbildung; 1919 Freikorpsmitglied, 1931 Eintritt in die NSDAP und SS; ab 1939 nacheinander Einsatz in den Konzentrationslagern Dachau, Mauthausen und Auschwitz. In Auschwitz ist Schwarz von November 1941 bis August 1943 Leiter der Abteilung »Arbeitseinsatz«, danach Schutzhaftlagerführer. Im Novem-

ber 1943 wird er Lagerkommandant von Auschwitz III Monowitz. Nach der Evakuierung wird er Lagerkommandant im Konzentrationslager Natzweiler. Wegen seiner dort verübten Verbrechen wird er am 1. Februar 1947 vor einem französischen Militärgerichtshof in Rastatt angeklagt und zum Tode verurteilt. Die Hinrichtung findet am 20. März 1947 statt.

Dr. Siegfried Schwela

*1905 in Cottbus, promovierter Arzt; seit 1929 Mitglied in der NSDAP, seit 1932 in der SS. Beförderung zum SS-Hauptsturmführer und ab August 1941 Lagerarzt im Konzentrationslager Auschwitz, vorübergehend Lagerarzt im Konzentrationslager Stutthof, bis er im März 1942 als Standortarzt nach Auschwitz zurückkehrt. Dort erkrankt er an Fleckfieber und stirbt am 10. Mai 1942.

Bernhard Walter

Über SS-Hauptscharführer Bernhard Walter liegen nur spärliche Informationen vor. Bekannt ist, dass er aus Fürth in Bayern stammt und dass er Leiter des Erkennungsdienstes in Auschwitz war. Sowohl Wilhelm Brasse als auch die anderen Häftlinge, die im Erkennungsdienst mitarbeiten mussten, werden im Krakauer Auschwitz-Prozess, bei dem er angeklagt wird, als Zeugen der Verteidigung geladen. Sie sagen aus, dass sie von ihrem Vorgesetzten immer korrekt behandelt wurden. Walter wird in Krakau zu drei Jahren Haft verurteilt. Im Frankfurter Auschwitz-Prozess wird er als Zeuge vernommen. In diesem Prozess geht es u.a. auch um Fotos, die in einem Band zusammengefasst sind. In diesem »Auschwitz-Album – die Geschichte eines Transports« wird aus der Täter-Perspektive (Bernhard Walter) ein in Auschwitz-Birkenau eingetroffener Transport ungarischer Juden systematisch

fotografiert, angefangen von der Selektion an der Rampe bis hin zum »Wartezimmer des Todes« vor den Gaskammern. Die Fotos wurden im Mai 1944 von Bernhard Walter und seinem Mitarbeiter Ernst Hofmann aufgenommen.

Dr. Eduard Wirths
*1909, KZ-Arzt und SS-Sturmbannführer, ab 1.9.1942 Standortarzt in Auschwitz. Wirths führt zahlreiche sog. »medizinische Untersuchungen« an Menschen durch, selektiert Kranke für die Gaskammer oder zum »Abspritzen«, gehört zu den sog. T4-Gutachtern, Medizinern also, die durch ihre Diagnosen für die Euthanasie Behinderter verantwortlich sind; wird von den Briten verhaftet; schreibt

aus dem Gefängnis in einem Brief an seine Frau: »Was nur habe ich verbrochen? Ich weiß es wirklich nicht!« Wirths begeht am 20.9.1945 in U-Haft Selbstmord.

Glossar

Appell
Im militärischen Bereich versteht man darunter formierte Versammlungen von Truppenteilen. In Konzentrationslagern während der Zeit des Nationalsozialismus dienten die Appelle der Überprüfung der Vollständigkeit der Häftlinge sowohl morgens beim Morgenappell als auch abends nach dem Arbeitseinsatz beim Abendappell. Oft wurden die Gefangenen durch lange andauernde Appelle schikaniert. Der längste Appell in Auschwitz dauerte zwanzig Stunden.

Arbeitskommando
Häftlinge sind in Konzentrationslagern zu Arbeiten in den unterschiedlichsten Bereichen verpflichtet worden. Dazu wurden sie in Gruppen aufgeteilt, die in der Lagersprache »Arbeitskommando« hießen und ihre Tätigkeit beschrieben, z. B. »Arbeitskommando Straßenbau«.

Auschwitz-Alben
Wilhelm Brasse sprach davon, dass nicht nur er, sondern auch seine Häftlingskollegen insgesamt fünfzehn Fotoalben im Erkennungsdienst erstellt hätten. Zwei dieser Alben sind bislang bekannt. Diese Alben wurden im Frühsommer 1944 erstellt. Eines davon ist das sogenannte Lili-Jacob-Album. Lili Jacob wurde zusammen mit ihrer Familie nach Auschwitz deportiert. Später wurde sie in das Lager Dora-Mittelbau verlegt. In einer Ecke einer ehemaligen Kaserne, die nach der Befreiung als Lazarett genutzt wurde, entdeckte sie dieses Fotoalbum. Auf einigen der

Fotos erkannte sie sich und Mitglieder ihrer Familie. Lili Jacob nahm das Album an sich, weil es die letzten Erinnerungen an ihre in Auschwitz ermordete Familie beinhaltete. 1980 übergab sie es an die Gedenkstätte Yad Vashem. Im gleichen Jahr wurde es von Serge Klarsfeld publiziert. Dieses Auschwitz-Album war von großer Bedeutung, konnten doch anhand der Fotos viele Menschen, die nach Auschwitz deportiert wurden, identifiziert werden. Die Fotos in diesem Auschwitz-Album wurden Ende Mai während des Ungarn-Transportes 1944 von Bernhard Walter und Ernst Hofmann gemacht. Sie dokumentierten damit die Arbeit der SS von der Ankunft der Menschen auf der Rampe in Birkenau bis hin zu den Gaskammern beziehungsweise die Einteilung in noch arbeitsfähige Häftlinge. Das zweite Auschwitz-Album ist das sogenannte Höcker-Album. Karl-Friedrich Höcker war ein SS-Mann, der – während in Auschwitz Birkenau hunderttausende ungarische Juden in der Zeit von Mai bis Juli 1944 eintrafen – Freizeitaktivitäten von SS-Männern und -Frauen dokumentierte. SS-Bedienstete, die sich während der sogenannten Ungarn-Aktion in der nahegelegenen Solahütte vergnügten. Es wird vermutet, dass einige der Porträtfotos, die das Album enthält, von Wilhelm Brasse im Fotoatelier erstellt wurden. Höcker wurde nach dem Krieg zunächst wegen Mitgliedschaft in einer verbrecherischen Organisation zu neun Monaten Haft verurteilt, musste diese Strafe wegen des Straffreiheitsgesetzes 1954 aber nicht antreten. Während des Frankfurter Auschwitz-Prozesses beteuerte er, von der Ermordung der ungarischen Juden nichts gewusst zu haben. Er sei davon ausgegangen, dass die Häftlinge in Auschwitz grundsätzlich nicht getötet wurden. Schließlich wurde er doch noch wegen Mord und Beihilfe zum Mord in drei Fällen zu sieben Jahren Haft verurteilt. Nach seiner Haftentlassung wurde er wieder von seinem alten Arbeitgeber, einer Bank in Lübbecke eingestellt, in der er bis zu seiner Pensionierung arbeitete.

Bekleidungskammer
In der Bekleidungskammer wurden die Häftlingsanzüge genäht, gelagert und ausgeteilt. Das »Arbeitskommando Kleiderkammer«

war für diese Arbeiten zuständig, angefangen von der Produktion bis hin zur Registrierung der Kleidungsstücke mit den entsprechenden Häftlingsnummern für die Empfänger.

Bibelforscher
Glaubensbewegung, die sich aus dem amerikanischen Adventismus entwickelt hat. In Deutschland werden sie »Ernste Bibelforscher« genannt. Sie betrachten die Bibel als einzige Richtschnur im Glauben und im Leben und lehnen weltliche Gesetze, insbesondere im militärischen Bereich, strikt ab. Aus der Bibelforscher-Vereinigung haben sich verschiedene Glaubensgemeinschaften entwickelt. Die bekannteste sind die Zeugen Jehovas. Während der Zeit des Nationalsozialismus wurden sie verfolgt, weil sie den Hitler-Gruß verweigerten und den Kriegsdienst ablehnten. In dieser Zeit leisten sie aus christlicher Nächstenliebe heraus u.a. auch Hilfe für ihre jüdischen Mitbürger. In Konzentrationslagern werden sie mit einem lila Winkel gekennzeichnet.

Block 11
Der Block 11 im Stammlager Auschwitz war ausschließlich für die Bestrafung von Gefangenen vorgesehen. Dort gab es verschiedene Räume, in denen Gefangene gequält und gefoltert wurden. In der unteren Etage gab es Dunkelzellen, in denen Gefangene oft mehrere Tage eingesperrt wurden, und es gab in den Kellerräumen Stehzellen in der Größe von etwa einem Quadratmeter, in die die Gefangenen durch kleine Öffnungen am Boden hineinkriechen mussten. Bis zu vier Gefangenen wurden dort eingesperrt. Sie mussten aufgrund der Enge die ganze Zeit darin stehen, in der Regel eine ganze Nacht lang. Es gab Gefangene, die bis zu zwanzig Nächten in einer Stehzelle verbringen mussten und tagsüber zur Arbeit gezwungen wurden. Im ersten Raum neben dem Eingang von Block 11 war der sogenannte Gerichtssaal, in dem über Gefangene »Gericht« gehalten wurde. In der Regel standen die Strafen vorher schon fest. Sie wurden zum Tode verurteilt und die Strafe wurde unmittelbar danach zwischen dem Block 10 und Bloch 11 an der Todeswand vollstreckt.

Blockschreiber
Die Arbeit des Blockschreibers war in erster Linie mit Verwaltungsaufgaben verbunden. Sie mussten täglich den aktuellen Stand der Häftlinge aus den jeweiligen Blocks in der Schreibstube übergeben. Als Funktionshäftlinge standen sie in der Lagerhierarchie weit oben. Sie waren für die SS nützlich und deshalb gewährte man ihnen gewisse Sonderrechte. So wurden sie z. B. nicht geschlagen, mussten nicht körperlich schwer arbeiten wie andere Häftlinge und wurden auch nicht getötet, es sei denn, sie hätten sich eines »Vergehens« schuldig gemacht.

Effektenkammer
Die Nazis nannten die geraubten Besitztümer der Häftlinge in den Konzentrationslagern »Effekten«. Diese wurden in Häusern/Räumen gelagert, von Häftlingskommandos sortiert und verpackt. Anschließend wurden sie nach Deutschland geschickt und an die Bevölkerung verteilt, als Kleider-, Winter- oder auch Weihnachtsbeihilfe. Die Effektenkammer wurde in der Lagersprache auch »Kanada« genannt, da Kanada als ein sehr reiches Land galt.

Erkennungsdienst
Der Erkennungsdienst war der politischen Abteilung im Lager Auschwitz zugeordnet. Dessen wichtigste Aufgabe war es, die Gefangenen zu fotografieren und die Bilder aufzubewahren. Die Fotos mussten nach bestimmten Gesichtspunkten gemacht werden – eines von vorne, eines mit Kopfbedeckung und eines im Profil. Auf einer Tafel in der unteren Ecke des Profilfotos waren Häftlingsnummer, Häftlingskategorie, seine Nationalität sowie das Konzentrationslager vermerkt. Diese Angaben mussten mit denen auf der sogenannten Zugangsliste übereinstimmen.

Euthanasie
Die ursprüngliche Wortbedeutung steht für leichten, schönen Tod. Während der Zeit des Nationalsozialismus wurde dieser Begriff für die systematische Ermordung von Menschen mit seelischen oder anderen Behinderungen gebraucht. Aber auch KZ-

Häftlinge fielen der Euthanasie zum Opfer, wenn sie krank oder nicht mehr arbeitsfähig waren.

Die NS-Regierung hatte alles klar geregelt. Es gab die »Aktion T4«, die die Ermordung von psychisch Kranken oder behinderten Menschen in sogenannten Tötungsanstalten regelte. T4 ist die Abkürzung der Adresse der Zentraldienststelle Tiergartenstraße 4 in Berlin, von wo aus diese Tötungen organisiert wurden. Weiterhin gab es die »Aktion 14f13«. Unter dieser Bezeichnung wurden KZ-Häftlinge, die krank, alt oder arbeitsunfähig waren, ebenfalls in Tötungsanstalten vergast. Der Name einer dieser Tötungsanstalten ist das »Haus Sonnenstein« in Pirna. Der Kinder-Euthanasie fielen Kinder und Jugendliche bis zum 16. Lebensjahr zum Opfer, die eine geistige oder körperliche Behinderung hatten oder verhaltensauffällig waren. Die Tötung dieser jungen Menschen fand in sogenannten »Kinderfachabteilungen« statt. Nach neuesten Schätzungen fielen etwa 260 000 Menschen den verschiedenen Euthanasie-Programmen der Nazis zum Opfer.

Funktionshäftling
Funktionshäftlinge wurden von der SS ernannt. Sie hatten im KZ bestimmte Aufgaben zu verrichten, die für das System wichtig waren. Sie sollten aber auch, und das war der Hintergedanke, sich im Sinne der SS verhalten. Vielfach ist das zum Nachteil der anderen Häftlinge auch gelungen, eine ganze Reihe von ihnen nutzten aber auch ihre privilegierte Situation, um Mithäftlingen zu helfen.

Geheime Polnische Armee
Wird am 9. November 1939 als eine der ersten Untergrundorganisationen in Polen gegründet. Witold Pilecki ist ihr organisatorischer Kommandant und erweitert die Bewegung über Warschau hinaus in andere Großstädte Polens. 1940 zählt sie bereits achttausend Männer, von denen die Hälfte bewaffnet ist. Die Bewegung hat sich zur Aufgabe gemacht, Informationen aus den Konzentrationslagern, aber auch aus den Ghettos an die Alliierten weiterzugeben, damit diese entsprechend reagieren können.

Häftlingsarzt/Häftlingspfleger

Häftlingsärzte/Häftlingspfleger waren Gefangene, die aufgrund ihrer Ausbildung von der SS als Funktionshäftlinge im Krankenbau oder im Häftlingskrankenbau eingesetzt wurden. Eine gewisse Anzahl von ihnen musste sich auch an den »Forschungsarbeiten« der Lagerärzte beteiligen. Häftlingsärzte und Häftlingspfleger waren es in der Regel, die sich um die Kranken bemühten, Arzneimittel organisierten und sie häufig vor dem sicheren Zugriff der Lagerärzte, die sie für den Tod selektiert hätten, bewahrten.

Kalfaktor

Das Wort stammt aus dem mittelalterlichen calefactor, das »Heizer« bedeutet. Im späteren Sprachgebrauch wurden damit (abwertend) Menschen bezeichnet, die untergeordnete Hilfsdienste verrichten mussten; oft verwendet für Häftlinge in Strafanstalten, die den Aufsehern Hilfsdienste leisteten. In NS-Konzentrationslagern wurden sie für verschiedene Dienste eingeteilt, z.B. für die Essensausgabe, aber auch als Hilfsaufseher. In dieser Funktion mussten sie in der Augen der SS Durchsetzungsvermögen haben und das zeichnete sich in der Regel in Brutalität aus.

Kampfgruppe Auschwitz

Die Kampfgruppe Auschwitz entstand im Mai 1943 in erster Linie aus dem Zusammenschluss von zwei bereits bestehenden Widerstandsgruppen: der österreichischen und der polnischen Widerstandsgruppe. Die Bewegung, der besonders Funktionshäftlinge angehörten, hatte sich zur Aufgabe gemacht, Kranke und vom Tod bedrohte Häftlinge zu unterstützen. Sie besorgten Medikamente, die sie entweder selbst an die Kranken weitergaben oder den Häftlingsärzten oder -pflegern zukommen ließen. Sie versuchten weiterhin, Misshandlungen durch Kapos einzudämmen, kriminelle Funktionshäftlinge aus ihren Positionen zu verdrängen und sie bereiteten Fluchten vor. Ferner versuchten sie, Informationen aus dem Lager nach außen zu schaffen, in der Hoffnung, die Alliierten würden dies zur Kenntnis nehmen und zum Beispiel durch eine Bombardierung der Gaskammern und

Krematorien in Birkenau eingreifen. Es war ein hohes persönliches Risiko, sich einer Widerstandsgruppe anzuschließen. Wurde jemand identifiziert, wurde er sofort hingerichtet. Ein wichtiges Mitglied er Kampfgruppe Auschwitz war Rudolf Friemel.

Kanada-Kommando
»Kanada« wurden die Blocks im Lager genannt, in denen alle Wertsachen sowie Kleidungsstücke der Häftlinge gelagert wurden. Die Häftlinge, die im Kanada-Kommando arbeiteten, sortierten alles, was die Häftlinge auf ihren Transporten mitgeführt hatten. Der Begriff »Kanada« wurde von den Häftlingen deswegen gewählt, weil Kanada als ein sehr reiches Land angesehen wurde.

Kapo
Der Ursprung des Begriffs ist unklar, beschönigend wird oft »Kameradschaftspolizei« angenommen. Näher liegt der Begriffsursprung im Italienischen, in dem mit il capo der Anführer oder das Oberhaupt bezeichnet wird. Kapos waren Funktionshäftlinge in Konzentrationslagern, die als Mitarbeiter der Lagerleitung Häftlinge beaufsichtigen mussten. Die SS wählte für diese Positionen nur Häftlinge aus, die sich durch besondere Brutalität anderen gegenüber auszeichneten. Dafür hatten sie bestimmte Privilegien wie eine bessere Verpflegung und wurden selbst auch nicht körperlich gezüchtigt. Durch ihren Gehorsam der SS gegenüber glaubten sie ihr eigenes Überleben im Lager retten zu können. Und für die SS war wichtig, dass Befehle skrupellos durchgesetzt wurden. Kapos waren im Lageralltag an ihrer Armbinde sowie einem Stock oder einer Peitsche zu erkennen, die sie bei sich trugen. Sie führten die Aufsicht über die Arbeitskommandos. Einem Kapo waren meist hundert Häftlinge untergeordnet. Kapos, die während ihrer »Arbeit« Häftlinge totschlugen, wurden von der Lagerverwaltung dafür nicht bestraft.

Lagerbordell
Auf Anordnung Himmlers wurde ab Oktober 1943 das Lagerbordell im Stammlager Auschwitz eingerichtet. Es sollte als Be-

lohnung für die privilegierten Funktionshäftlinge dienen. Mehr als 60 Frauen aus Polen und der Ukraine wurden im Frauenlager Auschwitz-Birkenau selektiert und mussten im »Arbeitskommando Lagerbordell« arbeiten. Den SS-Mannschaften war der Besuch dieses Ortes verboten. Sie suchten Bordelle in der Stadt Auschwitz auf.

Muselmänner

Als Muselmann wurden in der KZ-Lagersprache all jene Häftlinge bezeichnet, die durch Unterernährung bis auf Haut und Knochen abgemagert waren, ihre Beine waren geschwollen, ihre Bäuche aufgebläht. Ihr Selbsterhaltungstrieb befähigte sie anfangs noch, nach Essbarem wie Kartoffelschalen oder sonstigen Essensresten zu suchen. Von der SS wurden sie für dieses Verhalten als »Untermenschen« bezeichnet. Muselmänner hatten im Lager keine Überlebenschancen. Entweder starben sie an Entkräftung, Hunger oder einer Krankheit, oder sie wurden von SS-Ärzten für den Tod selektiert.

Oberscharführer

Oberscharführer bezeichnete den niedrigsten Rang der Dienstgradgruppe der Unteroffiziere, Hauptscharführer war der höchste Rang dieser Dienstgradgruppe.

Prügelbock

Die Bestrafung auf dem Prügelbock sah so aus, dass der Oberkörper des Häftlings über den Bock gelegt wurde, die Beine wurden mit einer Halterung festgeklemmt, zwei Häftlinge mussten ihren Kollegen an den Armen festhalten. Ein SS-Mann oder ein Kapo schlugen mit einem Stock oder einer Peitsche auf den Häftling ein, der die Schläge laut mitzählen musste.

Reichssicherheitshauptamt

Das Reichssicherheitshauptamt (RSHA) wurde im September 1937 von Heinrich Himmler durch den Zusammenschluss von Sicherheitspolizei und Sicherheitsdienst gegründet. Die Führung des RSHA bestand überwiegend aus hoch qualifizierten Akademikern sowie Beamten mit polizeilicher Fachausbildung, die allesamt ihre Kenntnisse und Fähigkeiten in den Dienst der Sache stellten. Dazu gehörten die Verhaftung politisch unzuverlässiger Personen, die Bekämpfung aller »deutschfeindlichen Elemente«; später wurden in Polen und der Sowjetunion gezielt Massaker gegen die Kirche, ihre Vertreter und gegen kommunistische Organisationen und Gruppen durchgeführt. Vom RSHA wurden auch Pogrome initiiert und Adolf Eichmann organisierte in dieser Behörde die »Endlösung der Judenfrage«. Die innenpolitische Bedeutung lag auf der Bespitzelung der Bevölkerung.

Schutzhaftlagerführer
Die nationalsozialistischen Konzentrationslager werden als Schutzhaftlager bezeichnet. Die Wachmannschaften gehörten in der Regel den SS-Totenkopfverbänden an. Die Abteilung Schutzhaftlager ist eine von fünf Abteilungen im Kommandostab des Konzentrationslagers. Dem Schutzhaftführer untersteht die Leitung des eigentlichen Häftlingslagers innerhalb des Konzentrationslagers, während in den anderen Abteilungen eher politische, organisatorische und verwaltungstechnische Arbeiten erledigt werden. Der Schutzhaftlagerführer hat weitreichende Befugnisse. Neben den organisatorischen Fragen wie dem Einsatz des Wachpersonals kann er offizielle Lagerstrafen für die Häftlinge beantragen. Der Lagerälteste unter den Häftlingen ist ihm direkt unterstellt.

Strafkompanie
Eine der gefürchtetsten Strafen war die Einweisung in die Strafkompanie. Die Häftlinge mussten körperliche Schwerstarbeit leisten, sie wurden ununterbrochen bei der Arbeit meist von sehr brutalen Kapos bewacht und geprügelt. Sie wurden ständig zur Eile angetrieben, manche Arbeiten mussten im Laufschritt verrichtet werden. Von den übrigen Häftlingen wurden sie isoliert und in den schlechtesten Baracken des Lagers untergebracht. Die ohnehin schon dürftige Verpflegung war in der Strafkompanie noch viel schlechter. Die schwere Arbeit und die unzureichende Verpflegung schwächten die Häftlinge. Die Todesrate war sehr hoch. Außerdem

wurden sie oft in ihren Arbeitskommandos von den Aufsehern kaltblütig ermordet und wurden abends auf Leichenwagen ins Lager zurückgebracht.

Stubenältester
Stubenälteste waren Funktionshäftlinge, die für die Ordnung und Hygiene in der jeweiligen Stube des Barackenblocks zuständig waren. Zu ihren Aufgaben gehörte unter anderem die Lauskontrolle. Dem Stubenältesten übergeordnet war der Blockälteste, der die Kontrolle über den gesamten Häftlingsblock hatte. Der Lagerälteste hatte die höchste Position. Er war unmittelbar dem Schutzhaftlagerführer unterstellt und musste dessen Befehle und Anordnungen ausführen.

Wannseekonferenz
Am 20. Januar 1942 trafen sich hochrangige Vertreter der Reichsregierung und verschiedener SS-Behörden unter dem Vorsitz von SS-Obergruppenführer Reinhard Heydrich, um den Massenmord aller europäischen Juden zu organisieren. Sie legten bei dieser Konferenz die Grundzüge für die Deportationen der jüdischen Bevölkerung zur Vernichtung in den Osten fest. Die Opfergruppen wurden hier auch noch einmal genau definiert und ein Zeitplan festgelegt. Mit dieser Konferenz wurde dem Hauptanliegen Heydrichs, »die Endlösung der Judenfrage«, Rechnung getragen. Der Begriff »Wannseekonferenz« wurde dadurch geprägt, dass der Tagungsort das Gästehaus der Sicherheitspolizei und des Sicherheitsdienstes die Berliner Anschrift »Am Großen Wannsee 56/58« trug. Dieses Haus ist heute eine Gedenkstätte.

Wasserkrebs
In der medizinischen Fachsprache Noma genannt, ist er eine bakterielle Infektionskrankheit, bei der es zunächst eine Wasserschwellung an der Wange gibt, die, bei fortschreitender Entzündung, zu Mundfäule bis hin zur Verfaulung der Wangen mit Löchern in der Gesichtshaut führt und die Patienten schließlich an Blutvergiftung sterben.

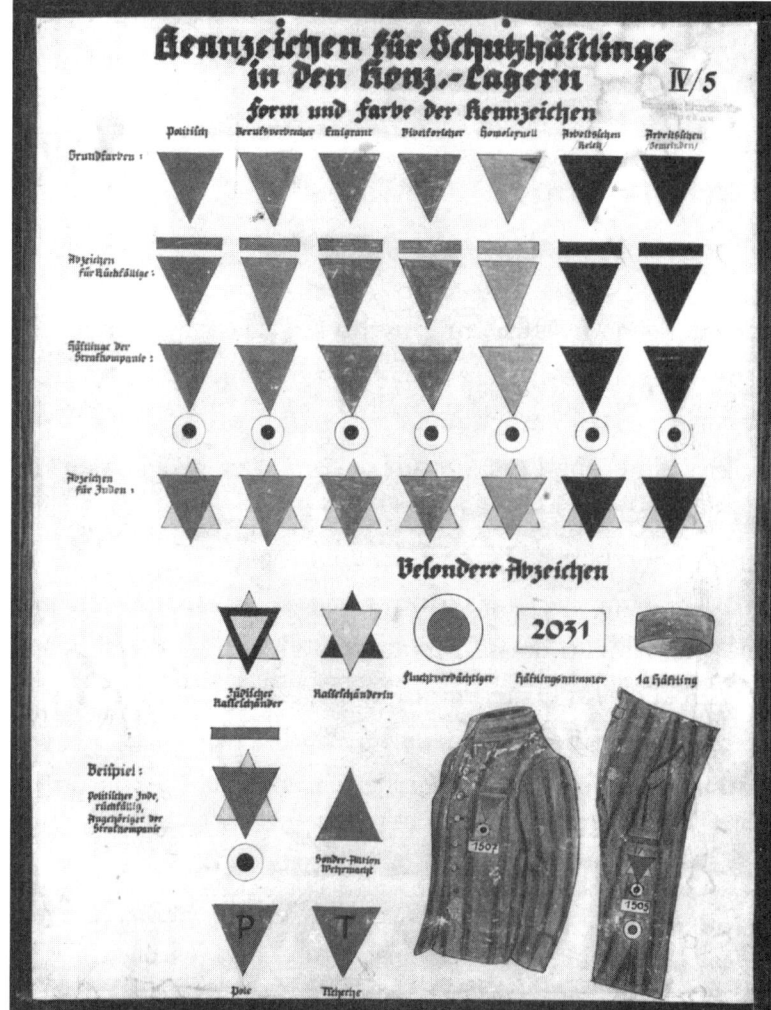

Die Häftlinge wurden mit farbigen Stoffdreiecken gekennzeichnet.
Diese Abzeichen hießen in der Lagersprache »Winkel«. Sie mussten gut sichtbar an der Häftlingskleidung (Jacke und Hose) befestigt werden, damit die Wächter den Grund der Inhaftierung auf einen Blick erkennen konnten.

Danksagung

Ich danke dem Museum Auschwitz, das mir Einblick in Räume gewährte, in denen Wilhelm Brasse arbeiten musste, die ansonsten öffentlich nicht zugänglich sind, und der Stiftung »Erinnerung Lindau«, mit deren Unterstützung ich vor Ort in Auschwitz recherchieren konnte.

Mein herzlicher Dank gilt zudem meinen Kindern Jonas und Anne für die Transkription der Tonbandaufzeichnungen von Wilhelm Brasse. Meinem Sohn Jonas nochmals ganz ausdrücklich für seine Beratung zum Manuskript und meiner Lebenspartnerin Bernadette für die Geduld und Unterstützung bei den Recherchearbeiten.

Bildnachweis

Bildredaktion: Tanja Zielezniak

akg-images: U1, 89; Alamy: 18 (World History Archive); Bundesarchiv, Koblenz: 188 (Bild 146-1993-051-07); Fritz Bauer Institut: 167, 168 o., 171, 172, 176, 177 u.; Getty-images: 11 (AFP); Imago: 174 (United Archives International); Interfoto: 43 (image BROKER/Peter Widmann), 177 o. (Alba); Laif: 37 (Christoph Goedan); Picture-Alliance: 69 (akg-images), 104 (dpa/Schindler); SZ-Photo: 168 u. (Rue des Archives/Tallandier); The State Museum Auschwitz-Birkenau in Oświęcim: 51, 52, 53, 86, 95, 96, 149, 166, 170, 175; Ullstein Bild: 173 (dpa); United States Holocaust Memorial Museum: 140; Wikipedia: 132 (gemeinfrei/https://de.wikipedia.org/wiki/Witold_Pilecki); Yad Vashem: 136, 138, 139

Der Rechteinhaber des eingeklinkten Motivs auf dem Cover konnte trotz intensiver Recherche nicht ermittelt werden. Der Verlag bittet die Person oder Institution, welche die Rechte an dieser Abbildung hat, sich zwecks angemessener Vergütung zu melden.

Reiner Engelmann wurde 1952 in Völkenroth geboren. Nach dem Studium der Sozialpädagogik war er im Schuldienst tätig, wo er sich besonders in den Bereichen der Leseförderung, der Gewaltprävention und der Kinder- und Menschenrechtsbildung starkmachte. Nebenher veröffentlichte er Bücher, vorwiegend zu sozialen Brennpunktthemen. Für Schulklassen und Erwachsene organisiert Reiner Engelmann regelmäßig Studienfahrten nach Auschwitz. Bei einem dieser Aufenthalte lernte er auch Wilhelm Brasse kennen.